내 손 안의 경남 *009*

경남의 사찰여행

내 손 안의 경남 *009*

경남의 사찰여행

초판 1쇄 발행 2015년 2월 27일

저 자 _ 안순형
펴낸이 _ 윤관백
편 집 _ 박애리 ▮ 표 지 _ 박애리 ▮ 영 업 _ 이주하
펴낸곳 _ 도서출판 선인 ▮ 인 쇄 _ 대덕문화사 ▮ 제 본 _ 바다제책
등 록 _ 제5-77호(1998.11.4)
주 소 _ 서울시 마포구 마포동 324-1 곳마루 B/D 1층
전 화 _ 02)718-6252/6257 ▮ 팩 스 _ 02)718-6253
E-mail _ sunin72@chol.com
정 가 13,000원

ISBN 978-89-5933-865-8 04900
ISBN 978-89-5933-373-8 04900(세트)

내 손 안의 경남 *009*

경남의 사찰여행

| 안순형 |

 도서출판 선인

사찰(寺刹)은 승려의 수행과 생활의 공간일 뿐 아니라 불자(佛子)의 신앙 공간이다. 이곳은 불교사상, 불교문화, 불교예술 등이 조화롭게 융화되어 있는 복합문화 공간이다. 따라서 각 사찰의 창건과 변천을 통해 당시 사람들의 삶의 내용과 사회 현상을 엿볼 수 있다. 가람 내부 당우(堂宇)의 건립 및 배치에 따라 각 사찰이 추구했던 사상체계를 이해할 수 있고, 각 전각의 편액·탱화·석탑 등을 통해서 당시 불교예술의 수준을 알 수 있으며, 그곳에 머물렀던 승려나 그들과 교유했던 사람들을 통해서 그 시대상을 이해할 수 있다.

경남지역은 장유화상이 장유사를 비롯한 여러 사찰을 창건했다고 하는 가야불교의 성지이다. 또한 한국 율장의 산실(産室)인 양산 통도사, 의상의 화엄십찰 가운데 한 곳인 합천 해인사, 한국 불교음악의 발원지인 하동 쌍계사, 구산선문의 한 곳인 창원 봉림사와 한국 선불교의 중흥을 이루었던 함양 벽송사 등 유서 깊은 전통사찰이 곳곳에 산재해 있다. 이곳에서는 한국불교를 이끌었던 고승들이 창건한 이래로 수많은 청정납자가 지역의 민(民)과 함께 하면서 불교문화를 꽃 피웠고, 그들의 삶을 풍성하게 해 주었다. 특히 통도사와 해인사는 한국불교의 삼보(三寶)사찰 가운데 불보와 법보사찰이면서, 한국불교조계종의 5대 총림 가운데 2곳으로 지금까지도 한국불교를 대표하는 곳이다.

전국의 사찰은 전각·불상·탱화·석탑·석등·범종 등 국가급이나 지방급의 지정문화재가 다량으로 보관되어 있는 문화재 보고(寶庫)이다. 경남지역 역시 예외는 아니다. 따라서 각지의 사찰 탐

5

방은 박물관처럼 정형화 된 문화재가 아니라 살아 숨 쉬는 문화재를 만나러 가는 길이다. 이곳에서는 개별 문화재에 대한 단편적인 정보의 획득을 넘어 문화재의 탄생부터 현재까지의 종합적인 인식을 가능하게 할 것이다. 따라서 명산대천 혹은 이름 없는 산천의 가람을 찾는 탐방객들은 전문가의 설명과 함께 주위의 산세를 비롯한 그 문화공간을 직접 느끼는 것이 더욱 중요할 것이다.

이 글은 창원대학교 경남학연구센터에서 지역문화에 대한 올바른 이해와 저변화를 위해 기획된 〈내 손안의 경남〉이란 연속 간행물의 하나로 집필된 것이다. 우선, 이 글은 경남의 18개 시군에서 대표적인 전통사찰을 1곳씩 선정하여 그 대상으로 삼았다. 물론 함양·산청·양산의 경우는 고찰이 많음에도 불구하고 1곳밖에 선정할 수 없었고, 거제·함안·의령의 경우는 사세(寺勢)가 미흡함에도 불구하고 겨우 형색만 갖추게 된 곳도 있어 아쉬움이 많이 남았다. 다음으로, 각 글은 가능한 사찰의 연혁, 가람의 구조, 보유 문화재, 활동 인물 등을 종합적으로 서술하였다. 각 사찰의 소개에서 일부 오류가 있던 것을 수정하였다. 또한 각 사찰과 관련된 일부 문학작품을 수록하기도 하였고, 현장감을 더하기 위해 기행문식의 문장에 사진 자료를 첨가하기도 하였다.

사진 작업을 위해 해당 사찰을 찾았는데 세속의 사회와 마찬가지로 대부분의 사찰들이 외형적인 성장에 치중하고 있다는 느낌을 받았다. 전각들의 대형화로 콘크리트가 이미 가람 깊숙이 침투하였고, 해방 이후에 건립된 대형의 부도비(浮屠碑)가 각 사찰에 즐비하였다. 또한 여러 사찰에서는 '사적기'를 거대한 자연석이나 비석에 새겨두고 있었다. 육안으로 내용을 확인할 수 없어 종무소에 비문을 구할 수 있는지 문의했지만 정리해 둔 것이 없다는 답변이 대부분이었다. 사찰이나 문화재를 소개하는 글에 오류가 있음에도 불구하고 그대로 방치하고 있는 것도 간간히 볼 수 있었다. 또 하나, 각 사찰의 담당자들은 낯선 방문객에게 많은 경계심을 가지고 있었다. 최근에 여러 사찰에서 문화재들이 도난당했고, 이교도(異敎徒)에 의해 문화재들이 훼손당했기 때문에 당연한 처사일 것이라 이해가 되면서도 왠지 모를 씁쓸함을 감출 수는 없었다.

이번 작업으로 복합적 문화공간인 사찰과 불교에 대한 필자의 부족한 이해와 조악(粗惡)한 필력(筆力)을 재차 인정하지 않을 수 없었다. 이 글에서 발견되는 오류나 부족한 점은 모두 필자의 부족으로 인한 것이니 미리 지면으로 독자들에게 양해를 구할 뿐이다.

이 작업은 창원대학교 경남학연구센터의 지원으로 이루어질 수 있었기에 감사의 말씀을 드린다. 또한 별도로 밝히지는 않았지만 사진작업에 동행해준 지인들께도 고맙다는 말씀을 드린다.

2015. 1.

안순형

경남의 사찰여행

경남의 사찰여행

1

경상도의 교종사찰,
의상봉에 깃든 고견사

산이 높으면 골이 깊은 것이 자연의 이치라, 그럼 자연스럽게 산 좋고 물이 맑을 수밖에 없다. 일찍부터 이런 절경에는 누정(樓亭) 아니면 사찰이 자리하였다. 하지만 거창은 소백산맥을 경계로 전북·경북·경남의 3도가 만나는 내륙 산간지역으로 겹치는 산으로 깊은 계곡이 생겨나 뛰어난 풍광을 가졌음에도 불구하고 생각보다 전통사찰을 찾기가 쉽지 않다. 간혹 있다 하여도 다른 지역에 비해 규모가 작아 탐방객의 아쉬움을 자아낸다. 우두산(牛頭山, 1046m)의 고견사(古見寺)는 그 역사와 명성에 비해 규모는 작지만 사찰까지 오르는 주변의 뛰어난 풍광을 즐길 수 있어 아쉬움을 조금은 달랠 수 있을 것이다.

| 우두산 의상봉의 원경

1. 경상도의 교종사찰, 고견사

우두산 의상봉(義湘峰, 1038m)의 서남쪽 중턱에 자리한 고견사는 667년(문무왕 7)에 원효와 의상에 의해 창건되었다. 또한 '고견'이라는 사명(寺名)은 "원효가 일찍이 절을 창건할 때 이곳이 마치 전생에 와 봤던 곳"이라고 해서 붙여진 것이라 전한다. 하지만 고견사에는 사적기가 전하지 않아 창건을 비롯한 그 동안의 사세(寺勢) 변화를 확인하기가 쉽지 않다. 다만 가람 뒤쪽의 '의상봉'이라는 봉우리와 그곳을 통해서 해인사까지 왕래가 가능하다는 점, 여말선초에 해인사를 중창했던 희랑(希郞)이 머물다 갔다는 전설 등을 통해서 볼 때, 고견사는 설사 의상이 창건한 곳은 아닐지라도 의상의 화엄사찰과 일정한 관련이 있을 것으로 추정해 볼 수 있다.

그 후 고려시대인 1271년(원종 12)에는 삼별초 항쟁으로 거제현이 거창의 가소현(加召縣)으로 피난을 오게 되었다. 그러자 가소현을 거제현에 이속시키면서 고견사도 자연스럽게 거제현으로 이속되었고, 사명도 견암사(見庵寺)로 변경되었던 것을 '견암사 동종 주성기(鑄成記)'를 통해서 알 수 있다. 고려후기인 1360년(공민왕 9)에는 달순(達順)·소산(小山)·김신좌(金臣佐) 등이 함께 중건하였다. 그 후로 이곳은 견암(見庵)·견암사·견암선사(見庵禪寺) 등으로 칭해지게 되었다.

조선이 들어서자 태조 이성계는 1395년에 고려 왕씨(王氏)의 명복을 빌기 위하여 50결의 전지(田地)를 내리고, 매년 봄·가을로 수륙재(水陸齋)를 거행하도록 하였다. 1405년(태종 5)에도 의정부에서 불교의 타락상을 열거하면서 전국 사찰의 토지와 노비를 환수할 것을 주청할 때 견암사는 제외되어져 여전히 사사(寺社)를 행하는 것이 허락되었다. 태종의 명으로 1414년에는 전국의 3대 명찰 가운데 하나로 지정되고, 매년 1월에 수륙재를 지내도록 변경되었다. 세종시기인 1424년에는 불교를 혁파하여 전국의 사찰을 선교(禪敎) 양종의 36사로 나눌 때, 견암사는 해인사와 더불어 경상도를 대표하는 교종 사찰로 지정을 받았다. 그로 말미암아 전지 150결에, 거주하는 승려가 70명으로 규정되었다. 1425년 12월에는 수륙재를 지내던 견암사가 화재로 훼손되자 강원도의 상원사(上元寺)와 함께 혁파의 대상이 되기도 하였다. 하지만 1503년인 연산군시기에는 다시 수륙재를 거행하는 사찰에 포함되어졌다.

임진왜란으로 가람이 소실되자 1630년(인조 8)에 운현(雲賢)·금복(金福) 등이 당우를 중건하고, 절의 이름도 고견사로 개칭하였다. 그것을 기념하여 설봉(雪峰)이 주도하여 견암사 동종을 주조했는데 지금도 고견사에 전하고 있다. 조선중기에는 억불정책이 더욱 심화되었지만 숙종은 원효와 의상의 덕을 추앙하여 '강생원(降生院)'이라는 편액을 하사하였다. 이것은 고견사가 당시에 조정의 비호를 받으면서 번성했던 것을 반영해 준다.

일제강점기인 1935년에는 예운(禮雲)이 대웅전과 칠성각을 중수하였지만 한국전쟁 때 다시 불타버렸다. 그 후로 사세를 회복하지 못하다가 재일동포 실업가의 도움으로 1988년에는 대웅전·범종루가, 1995년에는 나한전·약사전·요사채가, 2006년에는 천성문·금강문 등이 복원되어 오늘에 이르고 있다.

| 고견사 전경

2. 의상봉 바위 속에 깃든 고견사

합천에서 거창으로 들어가면 멀리 높이 솟은 눈 덮인 능선들이 한눈에 들어온다. 그 능선의 앞쪽에 위치한 우두산은 가조면의 진산에 해당하는 것으로 유달리 바위가 많다. 고견사가 깃든 의상봉과 그 주위에도 불쑥불쑥 솟아오른 바위들이 운무(雲霧)에 들고 나면서 아름다운 풍광을 만들어내기도 한다. 우두산 줄기를 타고 북동쪽으로 곧장 오르면 합천의 가야산까지 연결되어 있다. 조선후기의 박명직은 벗들과 직접 고견사를 유람하면서 아래와 같은 감흥을 남겼다.

잔설이 나딩구는 아홉 구비의 길에서(殘雪微埋九曲程)
　　　　　　　　　　　　　잔 설 미 매 구 곡 정
홀연히 구름 저편에서 한낮의 종소리 들리네(忽聞雲際午鍾聲)
　　　　　　　　　　　　　　　홀 문 운 제 오 종 성

산속의 좋은 경치는 구름에 닫혀 있지만(山爲地秘雲中鎖)

찬 눈 내린 뒤의 맑은 기운에 흥이 겹다네(景入詩寒雪後淸)

오늘밤은 새벽까지 절에서 도란거리고(此夜殘燈蕭寺話)

언제쯤 해 떨어지랴 말 달음질로 나아간다(何時落照馬梁行)

원컨대 가야산 제일봉에 올라서서는(願登第一伽倻頂)

가슴속에 품은 회포 모두 외쳐보리라.(許盪胸懷儘快明)

박명직(朴命稷), 『전호집(箭湖集)』권1
「고견암에서 함께 놀며 차운하다[次古見庵同遊韻]」

　의상봉을 오르는 겨울 산의 구름 속에 숨은 절경, 한적한 산사에서 벗들과 정겨운 밤을 보내는 모습, 멀리 바라보이는 가야산 등을 잘 묘사하고 있다. 이런 의상봉의 비경으로 말미암아 고견사를 찾는 사람들은 의상이 참선함으로써 이름을 얻게 된 의상봉, 수도할 때 쌀을 얻었다는 산 아래의 쌀굴 등을 통해서 이곳이 의상과 밀접한 관련이 있다고 믿어 왔다.

　고견사는 아직도 경내까지 도로가 개설되지 않아서 주차장에서 내려 1.2㎞정도 걸어 올라야 한다. 최근 2014년 10월에는 사찰과 탐방객의 편의를 위하여 모노레일을 준공하였다. 오늘날은 전국 대부분의 사찰에 차량이 자유롭게 왕래하면서 세속과 별반 차이 없이 소란스럽기 그지없다. 하지만 고견사는 불편한 교통으로 말미암아 이런 속기(俗氣)의 범접을 허용하지 않으니 청정납자의 수행처로는 제격이다. 접근성이 좋지 않아 어쩔 수 없이 먼 길을 걸어야 하니 현대문명에 길들여져 있는 사람들은 자연히 고견사를 찾기가 꺼려질 수밖에 없을 것이다.

주차장에서 조금만 오르면 견암폭포가 나타난다. 겨울인데도 30여m 높은 곳에서는 얼어붙지 않은 물줄기가 졸졸 흐르고 있었다. 물이 많은 여름철에 솟아져 내리는 물줄기를 상상해 보니 장관일 것 같다. 나무계단을 타고 오르다가 잠시 발길을 멈추면 발 아래의 울창한 소나무 숲이 바위와 절묘하게 어우러져 있어 그 아름다움을 즐길 수 있다. 다시 크고 작은 돌로 이루어진 오솔길을 오르면 등에 땀이 배어나오고 숨이 조금 찰 정도가 되면 고견사가 모습을 드러내기 시작한다. 주차장에서 여유를 가지고 주위의 풍광을 즐기며 오르면 한 30분 정도 걸린다.

나무다리를 걸쳐 놓은 작은 개울을 건너면 '우두산 고견사'라는 사액(寺額)을 내걸은 맞배지붕의 금강문(정면 3칸, 측면 1칸)이다. 내부의 좌우에는 최근에 조성된 금강역사상이 한구씩 있다. 금강문의 돌계단을 오르면 커다란 전나무 7~8그루와 약 1000년이 되었다는 보호수인 은행나무(높이 28m, 둘레 6.1m)가 한 그루 서 있다. 전나무는 겨울을 맞아 더욱 청청하지만 은행나무는 외로워서인가, 아니면 세월의 흔적이련가 굵은 줄기에 잔가지 몇 개만 매달려 있다. 더욱이 보호를 위해서인지 몸체에 시멘트를 발라 놓아서 안쓰럽게 보였다. 그 옆의 비탈에는 쓰러진 큰 나무 줄기가 세월의 무게를 이기지 못하고 자연으로 돌아가고 있었다. 이 은행나무에 최치원의 자취가 남아 있다고 하니 한번 더 눈길을 주게 된다.

「고견사 복원 중건기」, 「배익천(裵翊天)선생 사적비」를 지나면 축대 위에 팔작지붕의 요사채(정면 4칸 측면 2칸)가 현대식

양옥과 연이어져 있다. 왼쪽으로 난 돌길을 오르면 잘 쌓아 올린 축대 위에 한옥의 소슬대문 형식으로 '별유산사 천성문 (別有山寺天城門)'이란 편액이 걸린 문이 자리하고 있다. 안의 양쪽 벽면에는 근래에 그린 사천왕도가 있다. 천성문의 축대 밑으로는 위쪽에서 흘러내리는 계곡물이 지날 수 있도록 자연석을 이용하여 배수구를 마련해 두었다. 가람이 계곡을 끼고 있으니 자연스러운 조치이지만 자연과 어울려져 전혀 눈을 거스르지 않는다. 아래의 공용주차장에서 출발하는 모노레일도 여기서 끝이 난다. 하지만 주위의 풍광과 어울리지 않아 흉물스럽다. 편리함도 좋지만 수행처인 이곳을 자연 그대로 놓아두어도 좋지 않을까? 어쩌면 번거로움 그 자체도 수행의 일부이지 아닐까!

| 의상봉과 은행나무

천성문을 들어서면 좁은 마당의 왼편으로 나한전이 있고, 가운데 마당 끝자락에 대웅전이 있으며, 오른쪽으로 종각과

석불각(石佛閣)이 있다. 1988년에 새로 조성된 팔작지붕의 대웅전(정면 3칸 측면 3칸)은 두부 자르듯이 화강암을 잘라 높직하게 쌓아 올린 축대 위에 당당하게 앉아 있다. 대웅전 내에는 화려한 불단 위에 금동 석가여래삼존불이 봉안되어 있고, 좌우에 화려한 보관으로 장식한 문수·보현보살이 협시하고 있다. 또한 1630년(인조 8)에 주조된 견암사 동종(보물 1700호, 높이 100.5㎝ 입지름 59㎝)이 보관되어 있는데, 17세기 전반에 제작된 것으로는 규모가 큰 편이다. 종을 매달기 위한 용뉴는 2마리의 용으로 표현되어 있고, 용의 이마에는 특이하게 '왕(王)'자가 새겨져 있다. 음통은 없으며, 종의 몸체 상단에 4개의 연곽 사이에는 4좌의 여래좌상이 새겨져 있다. 몸체 하단부에는 연화당초문과 운용문이 있고, 그 사이에는 주성기가 있다. 명문에는 설봉(雪峰) 등의 제작자, 견암사 연혁 등을 전하고 있어 고견사와 관련한 사정을 엿볼 수 있다.

대웅전의 왼쪽에 맞배지붕의 나한전(정면 3칸 측면 2칸)이 있다. 내부의 불단에는 최근에 조성된 주불인 석가모니불과 좌우에 비로자나불·아미타불이 있다. 불상은 전체적으로 몸집이 풍성하여 어딘가

| 고견사 동종

부자연스럽고, 가운데 주불은 다른 불상과는 달리 육계가 뾰족하게 솟아올라서 어색해 보였다. 삼존불을 모신 불단 뒤쪽으로는 작은 불상으로 가득 채워져 있다. 대웅전 바로 뒤편에는 맞배지붕의 작은 전각(정면 2칸 측면 1칸)이 하나 있 다. 이것은 대웅전이 건립되기 전에 법당 겸 선방으로 사용 한 곳인데, 지금도 선방으로 계속 사용되고 있다. 대웅전의 뒤편 언덕에는 약사전(정면 1칸)이 있고, 내부에는 산신 · 용왕 등의 탱화가 그려져 있다. 그 옆의 큰 바위 정상에는 최근에 조그만 감실에 마애불을 조성한 것이 있다.

천성문의 오른쪽에는 근래에 조성된 것 같은 비례가 맞지 않는 3층 석탑이 있다. 2중 기단에 지붕돌받침이 4층이다. 석탑의 왼쪽에는 별다른 장식은 없지만 세월의 때가 묻은 큼 직한 배례석이 하나 놓여 있어 고견사의 무게감을 더해 준 다. 석탑의 오른쪽으로는 축대 위에 높직한 4각형의 범종각 이 앉아 있고, 1988년에 재일동포의 도움으로 주조된 동종 이 걸려 있다.

범종각 뒤쪽 오른편에는 석불입상(2.2m)이 있다. 최근에는 훼손이 심각한 석불의 보존을 위하여 맞배지붕에 네 벽면이 개방된 전각을 건립 하였다. 불상은 배 모양의 거신광배[舟 形擧身光]와 하나의 돌에 조각되어져 있다. 하지만 발 부분은 보이지 않는데 원래부터 없었는지는 알 수가 없다. 전체적 으로 마모가 심해서 안면의 형태를 알아볼 수는 없지만 조각 양식으로 보아 고려시대 것으로 추정된다. 목이 짧아서 삼 도(三道)가 보이지 않는 반면 귀가 지나치게 길어 어깨에 닿아 있다. 자세하지는 않지만 왼손은 여원인의, 오른손은 시무외인의 수인(手印)을 취하는 것 같다. 그 오른쪽 축대 위에는 훼손된 2층의 석탑이 있고, 그 주위는 허물어진 기와장을 쌓아 놓았다.

가람의 탐방을 마치고 잠시 사문쪽으로 펼쳐진 전경을 감상해 본다. 만약에 시간이 허락한다면 내친김에 1㎞쯤 떨어진 의상봉까지 올라보는 것도 괜찮으리라. 그럼 거창 시내뿐 아니라 멀리 가야산·지리산·덕유산·수도산까지도 한눈에 넣을 수 있을 것이다.

2

그윽한 차향(茶香) 되살아나는
봉명산 다솔사

예전에 하동의 진교 5일장을 찾아 가면서 비 내리는 봉명산(鳳鳴山)을 넘은 적이 있다. 안개 자욱한 산골짜기 마다 촘촘하게 박힌 소나무들이 하늘로 뻗어 있는 것이 참으로 운치가 있다고 생각했었다. 지나가는 길목에 다솔사(多率寺)·보안암(普安庵)이란 표지판이 있었지만 이곳이 사천을 대표하는 전통사찰, 한국의 전통 차(茶)문화를 현대적으로 중흥시킨 곳이란 것을 알지 못하였다. 찬바람이 부는 동짓날 따뜻한 차 한 모금이 그리워 다솔사를 찾아가 본다.

| 다솔사 전경

1. 돌고 도는 이름은 다시 다솔사로

다솔사는 503년(지증왕 4)에 연기(緣起)조사에 의해 영악사(靈嶽寺)로 창건되었다고 한다. 그 후에 자장율사가 636년(선덕여왕 5)에 중창하면서 타솔사(陀率寺)로 이름을 변경하였다. 676년에 의상은 다시 영봉사(靈鳳寺)로 고쳤으며, 통일신라

말인 경문왕시기(861~875)에 도선이 사찰을 중건하면서 다시 영악사로 바꾸어 1704년 '북지리산 영악사 중건비'가 세워질 때까지 이 이름이 사용되었다. 영악사라는 이름은 『신증동국여지승람』, 『가람고(伽藍考)』, 『범우고(梵宇攷)』 등을 포함한 18세기 후반까지의 자료에서도 확인되고 있다. 한편 1761년의 「다솔사 명부전 대양루(大陽樓) 사왕문 중건기」와 1779년의 「팔상전 중수기」에서 '다솔사'라는 이름이 보인다. 아마도 18세기 후반에는 영악사와 다솔사라는 이름이 혼용되어지다가 이후에 점차 다솔사로 통일되어 갔던 것 같다.

고려의 공민왕시기에 보제(普濟)국사 혜근(慧勤)이 영악사를 크게 중창하였지만 임진왜란으로 다시 전소되어 버렸다. 1686년(숙종 12)에 영일(靈日)·혜능(惠能)·사연(思衍)·자청(自淸) 등의 4명이 10여년에 걸쳐서 전각 6채, 당(堂) 6채, 천왕문과 증산문(增山門) 등 10여 곳을 중건하였다. 그리고 1704년(숙종 30)에 「북지리산 영악사 중건비」가 세워져 그동안의 중창 불사를 회향하고 연혁을 정리하였다. 1748년에 다시 화재가 발생하여 3곳의 전각과 3곳의 당우를 태워버리자 월징(越徵) 등이 10여년에 걸쳐 명부전·대양루·천왕문 중수하고, 1761년에는 「다솔사 명부전 대양루 사왕문 중건기」를 지어 사찰의 연역과 사명의 유래에 대해서 기록하고 있다. 1777년에 일휘(一輝)가 나머지 팔상전을 중수하자 1779년에 경암(鏡岩)이 다시 「팔상전 중수기」를 지어 전한다. 하지만 불행히도 1914년에 다시 화재가 발생하여 가람이 전소되자 1915년부터 재건하기 시작하여 지금에 이르고 있다.

2. 은은한 차향처럼 드러나는 진신사리

방장산(方丈山)의 동쪽 기슭에 위치한 다솔사는 후에 봉명산(鳳鳴山, 408m)으로 불렸는데, 서봉사(瑞鳳寺)가 깃든 봉암산과 마주보며 쌍봉을 이루고 있어 붙여진 것이라 한다. 다솔사라는 사명(寺名)은 이 절의 주악(主嶽)이 마치 대궐을 지키는 병사와 같이 전후좌우를 둘러싸고 있는 것 같다는 것에서 취한 것이라고 한다. 비록 이 산은 야트막하여 높지는 않지만 직접 올라보면 봉우리가 상당히 가파르며, 골짜기 곳곳에 다솔사·서봉사(瑞鳳寺)·봉일암(鳳日庵)·보안암 등의 많은 사찰과 암자가 자리하고 있다.

다솔사는 그 명성에 비해 가람의 규모가 상대적으로 작아서 일주문이나 천왕문이 없다. 가람의 배치는 대양루 뒤편에 석가의 진신사리를 모시는 적멸보궁(寂滅寶宮)을 중심으로 이루어져 있다. 다솔사의 탐방은 다솔휴게소 근처의 언덕배기에 있는 효당 최범술(曉堂 崔凡述)의 사리탑에서 시작된다. 근현대 한국불교학이나 차문화를 대표한다는 그의 명성에 비해 사리탑은 오히려 조촐하다는 느낌이 든다.

다솔사를 찾아 오솔길을 따라 오르면 오른쪽 길가의 커다란 바위에는 어명으로 묘를 쓰는 것을 금지한다는 '어금혈봉표(御禁穴封表)'가 있다. 다솔사 주변은 풍수·지리적으로 장군대좌혈이라고 하여 지방의 토호가 개인적인 영달을 위하여 강압적으로 묘를 쓰려고 하자 어명으로 금지했다는 것이다. 이 금령은 1885년(광서 11, 즉 고종 22)에 내려진 것이다. 당시는 임오군란·갑신정변 등으로 시국이 혼란하여 지방의 토호가 발호하는 것은 왕실에 위협이 될 수 있었기 때문에 왕권 차원에서 민심을 안정시키기 위하여 행해진 조치였던 것 같다. 현재는 봉혈표 바위 앞에 무엇 때문인지 몰라도 불에 거슬린 입간판이 정리되지 않은 상태로 방치되어 있어 탐방객들의 눈살을 찌푸리게 하였다.

| 어금혈봉표

사찰의 주차장을 지나 돌계단을 올라 경내로 들어서면 높은 축대 위에 맞배지붕을 한 육중한 몸집의 대양루(大陽樓, 정면 5칸 측면 4칸)가 앞을 버티고 서 있다. 1748년에 화재가 발생하여 3곳의 전각과 3곳의 당우를 태워 버렸는데, 대양루는 그 때 소실되어 1758년에 중수된 것이다. 1층은 나무판

자를 이용하여 모든 벽면을 막은 반면, 2층은 외부로는 문을 달아 개폐식으로 하였고, 내부의 적멸보궁 쪽은 완전히 개방하여 두었다. 2층 누각의 정면에는 유창한 붓놀림으로 마음껏 멋을 부린 '대양루'라는 편액이 걸려 있다. '오통상서(吳統相書)'라는 관지(款識)가 있는 것으로 보아 '통상'이 조선시대 수군통제사의 벼슬임을 감안하면 1718년(숙종 44)에 수군통제사를 지냈던 오중주(吳重周)의 필적이 아닐까 생각한다. 대양루에는 자연석의 주춧돌과 뒤틀린 나무결을 그대로 살린 기둥들이 그대로 사용되어져 아무리 보아도 싫지가 않다.

사찰 입구에 누문이 있을 때는 일반적으로 그 밑을 통해서 경내로 올라가는 구조이다. 하지만 현재 다솔사의 누문은 개조되어져 누문 아래에 원래 있던 통로는 없어지고 높은 축대가 쌓아져서 누마루에서 앞마당 사이에는 5m정도의 깊은 틈이 있다. 정면의 대양루란 현판 아래는 '선차(禪茶)'라는 문구가 크게 내걸려 있는데, 이것은 다솔사가 수행에서의 선과 일상에서의 차가 함께하는 곳임을 잘 드러내는 것 같다. 원래는 2층의 누마루에서는 법회가 펼쳐졌지만 현재는 '다솔사 차문화 전시관'이 마련되어 있다. 이곳에는 다양한 다구(茶具), 효당과 관련된 자료, 다솔사에서 제작했던 괘불을 보관하는 상자 및 불구(佛具) 등이 보관되어 있다.

대양루 앞뜰에는 자연석 위에 1704년에 세운 '북지리산 영악사 중건비'가 서 있어 그 동안 화재로 인해 알 수 없었던 영악사의 내력에 대해서 잘 정리해 두고 있었다. 옆으로 난 계단을 올라서면 적멸보궁이 자리한 앞마당이 나타난다.

적멸보궁은 높직한 2층 축대 위에 산뜻하게 앉아 있는데 축대의 가운데로 오를 수 있도록 해 놓았다. 원래 이곳에는 아미타삼존을 모시는 대웅전이었는데 1978년에 삼존불을 개금하면서 후불탱화에서 108과의 사리가 발견되었다. 이에 전각을 증개축하여 사리를 봉안하면서 전각 이름도 적멸보궁으로 변경하였다. 내부의 수미단에는 한국의 다른 적멸보궁과는 달리 열반상(涅槃像)인 와불(臥佛)이 모셔져 있고, 뒤쪽의 벽을 통해서 사리탑을 볼 수 있게 창문을 내어 두고 있다. 열반상은 주로 동남아불교에서 많이 보이는 것으로 다솔사의 열반상도 역시 동남아지역 불상을 많이 닮았다는 인상을 주고 있다. 다솔사에서 사리의 발견은 사격(寺格)을 한층 더 높이는 역할을 하였다. 적멸보궁의 뒤편에는 간단하게 종형(鐘形)의 사리탑이 조성되어져 있다.

| 적멸보궁 내의 열반상과 사리탑

적멸보궁의 오른편에는 극락전과 응진전이 자리하고 있다. 원래 극락전은 선덕여왕 때 자장이 창건했다지만 여러 차례 소실되었다. 현재의 전각은 1945년에 중창한 것으로 근래에 조성한 금동 아미타여래좌상을 모시고 있다. 맞배지붕의 극락전(정면 3칸 측면 2칸)에는 편액과 함께 오세창(吳世昌)이 적은 주련이 걸려 있다. 응진전(정면 3칸 측면 2칸)은 원래 1680년에 죽파가 중건했지만 전각이 너무 낡아서 1930년에 만해 한용운(萬海 韓龍雲)이 머물면서 중수하였다.

그 앞쪽으로는 1930년대에 지어진 안심료(安心寮)라는 평범한 요사채가 있다. 하지만 그 외형의 평범함과는 달리 이곳에는 만해가 12년간을 머물면서 한국불교의 자주화와 불교유신운동 등을 펼치며 불교계의 항일조직이었던 만당(卍黨)을 이끌기도 했던 곳이다. 또한 소설가 김동리도 이곳에서 머물면서 '등신불' 등의 다양한 작품을 구상했던 곳으로 전한다. 지금도 안심료 앞에는 3그루의 아름들이 측백나무가 서 있는데 1939년 만해의 회갑잔치 때 지인들이 기념수로 심은 것이라고 한다.

본사의 탐방을 마치고 다솔사 왼쪽으로 난 물고뱅이마을 둘렛길을 2km정도 올라가면 보안암(普安庵, 일명 미륵암)으로 갈 수 있다. 보안암으로 가기 전에 그다지 높지 않은 봉명산 정상(해발 408m)을 넘어가면 더욱 재미있을 것이다. 높이에 비해서 경사가 가팔라서 이마에는 금새 촉촉한 땀이 맺힌다. 산허리를 잘라 만든 둘렛길을 벗어나 조금만 가면 촘촘하게 쌓아 올린 축대 위에 자리잡은 보안암이 모습을 드러낸다. 원래 서봉사에 소속된 암자였지만 폐사가 되면서 다솔사로 소속이 변경되었다. 이곳은 경주의 석굴암이나 군위의 삼존석굴을 모방하여 고려시대에 점판암을 쌓아 올려 만든 보안암 석굴(정면 9.4m, 측면 6.6m 높이 3.5m)로 유명하다. 정면에 조그만 철문을 단 석굴의 외형은 마치 돌무지를 쌓아 올린 무덤 같다는 생각이 들었다. 석굴을 중심으로 오른쪽에는 지장전이, 왼쪽에는 요사채가 배치되어 있다.

| 보안암 석굴

일찍이 1336년 무렵에 이곡(李穀, 1298~1351)은 "봉일암의 남쪽 천령(天靈) 위에 석굴을 만들어 미륵석상을 봉안하였으니"라고 기록하였다. 원래는 미륵암이었던 이곳은 이곡의 문장에서도 알 수 있듯이 미륵상이 보존되었지만 언제부터인지 주불(主佛)이 항마촉지인을 한 석가좌상으로 바뀌었다. 현재 석굴의 주실에는 최근에 육계와 나발을 시멘트로 보수

를 한 좌상이 다양한 자세를 취한 16나한상에 둘러싸여 봉
안되고 있다. 그 가운데 오른쪽의 나한상 1구는 분실되었다
고 한다. 불상 앞에 놓인 석재의 향촉대는 도깨비 문양이 깊
이 새겨져 있어 인상적이다. 석굴에서는 바다가 보이지 않
지만 동쪽으로 진주만의 바다를 향하고 있단다.

3. 다솔사의 효당

다솔사에는 일제강점기에 승려들을 비롯하여 많은 우국지
사가 은거했던 곳으로도 유명하다. 그 가운데 승려로는 3.1
독립운동 때 불교계의 대표였던 한용운, 원효학의 선두 주
자이면서 다도(茶道)의 명맥을 이었던 효당 최범술(曉堂 崔凡
述) 등이 있고, 문학가로는 김동리나 고은 등이 있다. 거의
평생을 다솔사에 머물면서 이곳을 한국의 다사(茶寺)로 발전
시켰던 효당에 대해서 간단히 살펴보자.

효당은 불교계의 승려로 원효학의 대가였을 뿐 아니라 대
중계몽을 통한 민족해방을 실현하기 위해 교육에도 지대한
관심을 가지고 있었다. 사천시 곤명 출신인 그는 1917년(14
세)에 다솔사에서 출가하였으며 해인사에서 환경(幻鏡)을 은
사로 수계하였다. 어린 나이에도 불구하고 3.1운동 당시 사
천·하동 등의 서부경남 일대에서 독립선언서를 배포하는데
적극 참여하기도 했다.

그 후 일본에 유학하여 1933년에는 대정대학 불교학과를
졸업하였다. 일본에 체류하는 동안 재일불교청년회, 삼장
(三藏)학회, 만당(卍堂)의 조직과 활동에도 관여하였다. 귀국

후에 명성여중을 설립하여 교육에 힘쓰는 한편 다솔사의 주지를 맡기 시작하였다. 뿐만 아니라 그는 1934년부터는 '광명(光明)학원'이란 야학을 세워 농촌계몽운동을 진행하기도 하였다. 소설가 김동리도 1935년 봄에 이곳으로 와서 함께 생활하며 강사로 활동하였다고 한다. 효당은 해방 후에도 국민대학(1947)·해인중고등학교(1951)·해인대학(1952) 등을 잇따라 설립함으로써 교육에 대한 열정은 식지 않았다. 이처럼 그는 출가 승려일 뿐 아니라 1948년에는 제헌국회의원으로 활동할 정도로 현실사회에도 적극 참여하였다.

또한 한국 차문화의 중흥과 대중화를 위해서도 효당은 많은 노력을 하였다. 안심료의 앞쪽 처마 밑에는 '방장산(方丈山)', '다솔사(多率寺)'라는 세로의 현판과 함께 가로의 '죽로지실(竹爐之室)'이라는 현판을 내걸은 요사가 있다. 녹차를 상징하는 '죽로'를 이름으로 달고 있다는 것에서도 다솔사가 녹차와 얼마나 밀접한 연관이 있는가를 짐작할 수 있다. 효당은 가람 주변에 다원(茶園)을 조성했을 뿐 아니라 자신만의 비법인 증차(蒸茶)의 방식으로 반야죽로차를 만들어 내기도 하였다. 1973년에는 차문화의 체계화를 위해『한국의 다도』를 출판하였고, 차문화의 대중화를 위하여 1977년 1월에는 '한국다도회'를 발족시키기도 하였다. 그는 '다도무문(茶道無門)'을 강조하며 지나친 예법에 얽매이는 것을 경계하였고, '유천희해(遊天戲海)'로 끽차(喫茶)의 경지를 묘사하였다. 한국 전통차의 부흥에 대한 그의 노력으로 차를 좋아하는 일부 사람들은 이곳을 다솔사(茶率寺)라고 부르기도 한다.

3

남도해상의 용화삼세,
미륵산 용화사

고성반도 남단을 연이어 바다로 뻗어가는 통영(統營)은 임진왜란이 발생하자 1593년 한산도에 삼도수군(三道水軍) 통제영(統制營)이 설치되면서 유래한 지명이다. 원래 통령은 조선 수군의 심장부로 군사도시였지만 근현대에 와서는 시인 유치환, 소설가 박경리, 화가 전혁림, 작곡가 윤이상 등 수많은 예인(藝人)을 탄생시킨 남도의 예향(藝鄕)이다. 동양의 '나폴리'로 알려진 통영의 풍광에 대해서 시인 정지용도 "그 일대의 풍경 자연미를 나는 문필로 묘사할 능력이 없다"고 극찬을 하였다.

그럼에도 불구하고 수많은 예인들이 통영의 아름다움을 노래했었다. 조선 후기의 문인이었던 박명직(朴明稷)은 직접 통영의 미륵산에 올라 바다 위에 펼쳐진 다도해 300리 바닷길을 보며 아래와 같은 감회를 남겼다.

바다 너머로 산색이 떨어져 아름다움을 자랑하고
(涉海夸娥落一覽)
섭해과아락일람
그 가운데 외로운 배는 미인의 눈썹처럼 차기만 하네
(中流孤揷翠黛寒)
중류고삽취대한
바람 앞의 섬들은 까마귀 머리처럼 늘어서 있는데
(風前島嶼烏頭列)
풍전도서오두열
썰물 뒤 안개 노을 속을 기러기가 뒤돌아 나르네
(潮後烟霞雁背環)
조후연하안배환

박명직, 『전호집(箭湖集)』권1
「미륵산에 올라 바다를 바라보다[登彌勒山觀海]」

그의 노래는 마치 눈앞에 한 폭의 아름다운 그림을 보여주는 것처럼 묘사되고 있다. 화창한 봄날 미륵산을 오르면 눈 아래 점점이 펼쳐진 한산도·매물도 등을 건너뛰면 한달음에 멀리 아스라이 보이는 일본의 대마도까지 갈 수 있을 것 같아 그 흥취를 더해 줄 수 있을 것이다.

1. 용화삼세의 기다림을 멀고……

통영에는 유달리 불교와 관련된 지명이 많다. 내륙의 산으로는 미륵산(彌勒山)·벽방산(碧芳山, 일명 벽발산)·도덕산(道德山) 등이 있으며, 해변의 섬으로는 미륵도(彌勒島)·연화도(蓮花島)·욕지도(欲知島) 등이 펼쳐져 있어 해상불국(海上佛國)이라 할 수 있다. 그 가운데 미륵도의 미륵산에는 사람들이 일찍부터 석가불이 장차 부처가 될 것이라 예언을 하였던 미륵이 상주한다고 믿었다. 이곳에는 이미 신라 선덕여왕(632~646) 때부터 사찰이 창건되었는데 은점(恩霑)화상의 정수사(淨水寺)가 대표적이다.

그 뒤의 오랜 세월동안 절의 부침에 대해서 알려진 것이 없다가 943년(고려 태조 26)에 도솔선사가 도솔암을 창건하였다고 한다. 1260년에는 큰 비로 산사태가 나서 가람 전체가 붕괴되자 3년 뒤에 자윤(自允)이 자리를 옮겨 중창하면서 절의 이름도 천택사(天澤寺)로 바꾸었다.

임진왜란으로 폐허가 되자 금강산에서 수도했던 성화(性和)가 1617년에 중창하였다. 1678년(숙종 4년)에 삼도수군통제사였던 윤천뢰(尹天賚)가 성첩을 쌓으면서 화근을 방지하고 승군을 조련시켜 활용하려고 조그만 사찰을 세움으로써 정수사가 중창되었다. 1742년(영조 18) 가을에 폭우로 당우

39

가 붕괴되자 송징래(宋徵來)·장태소(張泰紹) 통제사 시기에 미륵산의 북쪽 기슭인 삽장동(揷杖洞)으로 사찰을 옮겨 중건하면서 절의 이름도 천택사로 변경하였다. 그럼에도 불구하고 1748년(영조 24) 봄에는 다시 화재로 당우가 소실되게 된다.

| 미륵산 정산에서 본 용화사

1749년 정찬술(鄭纘述) 통제사 때에 벽담(碧潭)화상이 현재의 위치로 옮겨서 중창하고 산의 이름을 용화산으로, 절의 이름을 다시 용화사(일명 미륵사)로 변경하였다. 벽담이 중창 불사를 하기 전에 미륵산 제일봉에서 기도 드리자 신인(神人)이 현신하여 이 산은 용화회상(龍華會上)이 될 도량이니 가람을 지어 용화사로 해라는 서몽(瑞夢)이 있었다고 전한다. 이렇듯 용화사는 통제사와 밀접한 관련 속에서 변천 하였고, 통제사의 지휘 아래 있던 승군들은 미륵하생을 기다리며 호국과 중생구제를 실천하였던 것이다. 실제로 조선의 민중들

40

은 남쪽의 일본으로 말미암아 임진왜란 · 정유재란이 있었고, 북쪽의 만주족으로 인한 정묘호란 · 병자호란이 발발하여 참혹한 현실 생활을 맛볼 수밖에 없었다. 조선의 민중들은 절망 속에서 내세불(來世佛)인 미륵의 하생(下生)신앙을 통해 희망을 찾고자 하였고, 그런 노력의 일환이 통영의 용화사에도 반영되어 있다고 생각한다.

1751(영조 27)에는 혜암 명의(慧巖 明儀)가 「미륵산 용화사 고금 송덕사적기문(彌勒山龍華寺古今頌德事蹟記文)」을 찬술하여 용화사의 내력을 잘 정리해 두었다. 그 후 한국전쟁 때는 왜곡 변질되었던 불교계를 보조 지눌의 정혜쌍수 정신으로 바로 잡고자 했던 효봉이 도솔암에 머물게 되자 용화사는 현대 한국불교에서 중요한 위상을 차지하게 되었다.

2. 미륵산에 깃든 용화사

낙남정맥의 한 줄기인 벽방산을 넘으면 남쪽 바다로 흘러 들어가는 미륵산이 있다. 이곳은 3개의 봉우리가 뾰족한 것이 마치 불이 활활 타오르는 형상을 하고 있다. 이로 말미암아 세병관을 창건할 때 화재의 방비를 위하여 정문인 망일루(望日樓)에는 용의 조각을 하였고, 지과문(止戈門) 기둥 아래는 해태상을 새겼다고 한다.

용화사를 방문할 때 만약 시간적인 여유가 허락한다면 아침 일찍 통령의 안산(案山)인 미륵산을 올라보는 것도 괜찮을 것이다. 용화사나 미래사(彌來寺) 어느 곳으로도 오를 수 있다. 정상에 오르면 한산도 · 연화도 · 욕지도 등의 한려수도

300리 풍광을 눈에 담을 수 있을 것이며, 날씨마저 좋아 일출까지 볼 수 있으면 더욱 좋은 호사가 될 것이다. 그럼 도솔암·관음암·용화사 순으로 되돌아 내려오면서 탐방을 하면 될 것이다.

| 미륵산 정상에서 바라본 남해 일출

그렇지 않다면 용화사의 탐방은 주차장에서 잘 닦여진 길을 따라 오르면 된다. 주위에 등이 굽은 소나무를 즐기며 오르다 보면 일제강점기 때 통영의 수원지로 이용되었다는 용화 소류지를 지나게 된다. 다시 조금 더 나아가면 오른쪽 개울 건너에는 부도밭이 조성되어져 있다. 이곳에는 효봉의 탑비와 사리탑을 비롯하여 용화사와 인연이 있었던 승려들의 부도가 세워져 있다.

부도밭을 뒤로 하고 올라가면 키가 늘씬한 나무가 하늘을 향해 뻗어 있다. 개울 건너 계단을 오르면 왼쪽에 조그만 연못이 있고, 그 뒤편에는 누각 형식의 해월루(海月樓)가 있다. 현재는 해월루 뒤쪽의 계단이 폐쇄되어 누문의 역할을 상실한지 오래되었다. 누각의 오른편에 '불사리 4사자 법륜탑(佛舍利四獅子法輪塔)'와 '미륵산 용화사 사적비'가 있다. 근래에 만들어진 이 불사리탑은 인도 고대의 불교 옹호자였던 아쇼카왕이 만들었던 돌기둥을 모방한 것으로, 진신사리를 봉안하기 위해 만들었다고 한다. 그 옆의 사적비는 4마리 거북이를 조각한 받침돌에, 팔정도(八正道)를 상징하듯 팔각으로 깎은 오석(烏石)으로 된 비신에, 9마리 용이 여의주를 다투는 형상의 머릿돌을 올려 놓았다.

해월루와 탐진당의 틈을 비집고 나아가면 보광전(普光殿) 앞마당으로 들어갈 수 있다. 앞마당을 지나 끝자락에 이르면 두부를 잘라낸 듯 돌로 쌓아 올린 높직한 2층 축대 위에 맞배지붕의 아담한 보광전(정면 3칸 측면 3칸)이 앉아 있다. 보광전(보광명전의 약칭)은 선재동자의 구법순례를 잘 묘사하고 있는 『화엄경』에서 유래한 것이다. 원래는 비로자나불을 주존으로 봉안하는 곳이지만 화엄종이 쇠퇴했던 조선시대에는 일반적으로 석가불이나 아미타불을 봉안하였다. 3곳으로 난 계단을 통해 올라 보광전 내로 들어서면 경주 옥돌인 청석(靑石)으로 만들었다는 아담한 크기의 석가삼존불(높이 90㎝)을 만날 수 있다. 현재 보광전 내의 삼존불에 대해서는 각 자료들에서 석가삼존이다 혹은 아미타삼존이다라는 차이를 보이는데 상호나 수인(手印)으로 볼 때 석가삼존불인 것 같다. 이것은 조선시대에 불교의 쇠퇴 속에서 전각과 주존불이 일치하지 않은 것을 방치했던 결과이다.

보광전의 왼편에는 명부전과 용화전이 있다. 맞배지붕의 명부전(정면 4칸 측면 3칸)에는 1680년(숙종 6)에 조성된 목조 지장시왕상이 있는데 원래는 경남 함양군 백전면 백운리의 영은사(靈隱寺)에 있던 것이다. 이후 영은사가 폐쇄되면서 1903년에 통영의 용화사로 옮겨져 왔다고 한다. 또한 명부전 왼쪽의 1칸은 별도로 효봉선사의 진영을 모시는 영각(影閣)이 마련되어 있다. 이것은 용화사가 효봉 문중의 발상지로서 그의 위상을 말해주는 것이다. 그 앞쪽에는 아직 단청을 하지 않은 팔작지붕의 용화전(정명 3칸 측면 2칸)이 있고, 내부에는 조선후기에 조성된 미륵불좌상이 봉안되어 있다. 원래는 경주의 옥돌로 만들어진 것인데, 지금은 백호분을 씌워 놓았는데 온화한 미소가 인상적이다.

| 용화사 보광전

용화전 뒤쪽의 8각 종루(鐘樓)에는 묵직한 동종이 걸려 있다. 그 앞쪽에, 해월루의 왼편에는 최근에 조성한 3층의 설법전(정면 11칸 측면 3)이 있다. 청정납자의 수행도량에 규모가 지나치게 큰 전각이 들어서니 주변과 조화가 되지 않는 것 같았다. 1 · 2층의 대부분은 콘크리트를 사용하였고, 3층만 나무를 사용하여 외관상 보기에도 상당히 부자연스러움을 드러내었다. 이것도 성장과 속도를 강조하는 현대문명의 한 병폐란 말인가? 뿐만 아니라 설법전의 위쪽에는 효봉의 영각(影閣)이 있다. 누각 안에는 화강석으로 선사의 형상을 조각해 놓았는데, 어쩐지 추모보다는 오히려 생전에 선사의 행적을 욕보이는 것이 아닌가 하는 생각이 들었다.

| 용화사 관음암의 보광루

본사의 탐방을 마치면 인근의 산내 암자인 관음암과 도솔암을 둘러볼 수 있다. 용화사 앞의 저수지를 돌아나가면 관

음암으로 올라가는 큰길이 나온다. 관음암의 입구에 도착하면 높은 축대 위에 석재를 반듯하게 잘라 아치형으로 쌓아 올린 성채 같은 보광루가 앞을 가로 막는다. 문루의 정면에는 '당래선원(當來禪院)'이란 현판이, 뒤편에는 '보광루(普光樓)'라는 현판이 있는 이곳은 원래 용화사의 전신인 정수사지로 유서가 깊은 곳이다. 특히 김찬균(金瓚均)이 적은 보광루라는 현판의 오른편 상단에는 한반도의 모형이 조각되어 있어 인상적이다. 1681년(숙종 7)에 청안(淸眼)이 중건했다는 관음암은 'ㄷ'자형의 관음전이 주전이며, 그 내부에는 1683년(강희 22)에 조성되었다는 석조 관음보살상이 봉안되어 있다. 그 뒤편으로는 최근에 세운 전각이 단청을 기다리고 있다. 도솔암으로 오르는 뒷길 쪽에는 8층탑이 서 있다. 원래는 조그만 연못을 조성하고 그 안에 탑을 조성했는데 지금은 물을 빼 놓아 운치가 반감되는 것 같았다.

관음암에서 멀지 않은 곳에는 고려시대 도솔(兜率)선사가 창건했다는 도솔암(兜率庵)이 있다. 943년에 창건된 도솔암에는 선사의 도움을 받았던 호랑이가 보은했다는 전설이 있다. 전하는 바에 의하면, 선사가 수행하던 토굴에 호랑이가 찾아와 괴로워하던 것을 구해주자, 호랑이가 전라도 보성에 사는 배이방(裵吏房)의 딸을 업고 왔다. 선사가 처녀를 돌려보내자 그 부모가 답례로 300금을 주어 도솔암을 지었다고 한다. 아침 일찍 도착해서인지 굴뚝에 연기만 보이고 경내에 사람은 인기척은 찾을 수 없었다. 다만 어리숙해 보이는 누렁이 한 마리가 쳐다보기만 할 뿐이었다. 경내에는 대웅

전·동국선원 등의 편액을 걸은 당우가 있다. 지금도 도솔
암 뒤쪽에는 선사가 수도했다는 자연석 천연동굴이 있다.

3. 절구통 수좌 효봉

1888년 5월에 평안남도 양덕군에서 출생한 효봉 학눌(曉
峰 學訥)은 "엿장수 중", "절구통 수좌", "판사(判事) 중", "무
(無)라 노장" 등의 별호(別號)에서도 알 수 있듯이 다양한 경
력의 소유자이다. 1908년에는 신학문의 수학을 위하여 일
본에 관선유학(官選留學)을 하였고, 1914년부터 평양 복심법
원(覆審法院)에서 한국인 최초로 판사 생활을 10여 년간 하였
다. 그 동안의 심적 갈등으로 판사직을 그만두고 "엿장수 생
활"로 3년간 전국을 방랑하다가, 1925년에 금강산 신계사
(神溪寺)의 보운암(普雲庵)에서 석두 보택(石頭 寶澤)을 은사로
출가하였다.

1926년에는 당대의 선지식이었던 용성(龍城)과 수월(水
月)을 친견하기 위하여 남쪽의 양산 천성산(千聖山) 내원암
(內院庵)에서 북쪽으로 만주의 북간도까지 운수행각 하였다.
1928년에는 뒤늦은 출가로 인한 부족함을 극복하려고 신계
사의 보운암에서 장좌불와(長坐不臥)의 용맹정진으로 석두에
게 전법게와 함께 운봉(雲峰)이라는 법호를 받았다. 1932년
에는 동선(東宣)을 계사(戒師)로 유점사(楡岾寺)의 금강계단에
서 구족계를 받았다.

1933년 겨울에는 내금강 마하연선원에서 만공(滿空)에
게 수학하였다. 1935년 여름에는 설악산 봉정암(峰頂庵)에

서 동산(東山) · 청담(靑潭)과 함께 수행하였다. 그 해 겨울에
는 오대산 상원사에서 한암(漢岩)에게 수학하였고 1936년
에는 그에게 인가를 받았다. 1936년 겨울에는 덕숭산(德崇
山) 수덕사(修德寺)의 정혜사(定慧寺)선원에서 다시 만공을 모
시고 수행하였고, 1937년에는 인가를 받았다. 그 후로 남
하하여 동방제일도량(東方第一道場)인 송광사의 삼일암(三日庵)
선원에서 10여년간 머물며 수행에 정진하였다. 그는 왜색불
교로 말미암아 한국불교가 변질되고 퇴락했던 것을 바로잡기
위하여 보조국사가 제창했던 '정혜쌍수'의 조계선풍을 계승하
고 재현하려는 원력을 세웠다. 1938년에는 보조국사의 16
세 법손인 고봉(高峰)국사에게 몽중수기(夢中受記)와 함께 효봉
학눌(曉峰學訥)이란 이름을 받고 종풍의 선양에 노력하였다.

해방 후인 1946년 7월에는 대처로 상징되는 왜색불교를
배척하고 불교계의 정화를 위하여 송광사 삼일선원에서 3
년을 기한으로 정혜결사(定慧結社)를 시작하였다. 당시 한국
불교계의 폐단을 극복하기 위한 방편으로 산문을 나서지 않
고[洞口不出], 정오가 지나면 먹지 않고[正午不食], 참선 수행
으로 눕지 않고[長坐不臥], 묵언수행을 한다는 실천수행의 네
가지 청규(淸規)를 수립하였다. 또한 10월에는 불교계의 정
화운동과 여법(如法)한 수행정진을 위해 '가야총림'이 설립되
면서 초대 방장(方丈)에 추대되어 해인사로 옮겨가 후학의 양
성에 매진하였다. 효봉은 10여년을 머물렀던 송광사를 떠
나면서 "무엇 때문에 이 조계산을 떠나는가, 인천의 큰 복밭
을 갈고자 해서라네"라는 자신의 의지를 잘 드러내고 있다.

하지만 그의 노력에도 불구하고 1950년에 한국전쟁이 발발
하여 가야산이 전쟁의 소용돌이 속으로 빠져들어 가야총림
이 해산되자, 그는 부득이 부산 금정산(金井山)의 금정사(金井
寺)로 피난할 수밖에 없었다.

| 미래사 대웅전

한국전쟁의 와중인 1951년에는 통영의 용화사로 옮겨 도
솔암에서 하안거를 지내고, 1952년에는 미륵산 상봉 아래
에 효봉대(曉峰臺)란 토굴을 짓고 머물렀다. 당시 용화사는
대처승이 차지하고 있어 수행에 불편한 점이 많았다. 때문
에 전쟁이 끝난 1954년에는 은사인 석두화상과 함께 머물
기 위하여 미래사(彌來寺)를 창건하였다. 그 후에도 종단의
정화운동을 위해 서울 안국동의 선학원(禪學院)에 머물며 종
단정화준비위원회를 결성하고, 화합적인 승가정신을 바탕
으로 종단 정화운동을 주도하였다. 1955년에 종단 정화운

동이 마무리 되어가자, 다시 미래사로 내려와 토굴에서 머물렀다. 그는 국내 불교계의 문제에만 관심을 기울였을 뿐 아니라 1956년 11월에는 네팔에서 '제4차 세계불교도대회'가 개최되자 동산·청담과 함께 참석하여 한국불교의 유구한 전통과 불교 정화운동의 당위성을 널리 알리기도 하였다. 1957년 1월에는 대한불교 조계종 총무원장(總務院長)에 추대되었고, 1958년에 석우(石牛)와 동산(東山)에 이어 제3대 종정(宗正)으로 추대되면서 다시 통영을 잠시 떠나게 되었다.

임기가 끝난 1960년의 하안거 결제로부터 다시 3년간을 미륵산 미래사의 토굴에서 머물렀다. 그러다가 1962년 4월에 대처와 비구간의 상호 타협으로 통합종단이 출범하게 되자 '대한불교 조계종 초대 종정'에 추대되었다. 1963년 10월에 대구 팔공산 동화사가 종정의 주석사찰로 선정되어지자 금당선원의 미소실(微笑室)로 옮겨 머물렀다. 그 후로 다시 대처와 비구의 종단 분규로 재적본사(在籍本寺)인 송광사로도 가지 못하게 되자 1966년 5월에 인근의 밀양 재약산 표충사로 옮겨가서 10월에 표충사의 서래각(西來閣)에서 입적(入寂)을 하였다. 세수(世壽) 79세, 법납(法臘) 42세로 한국 근현대불교의 등불은 빛을 잃게 된다.

그의 뜻과는 달리 서울 조계사에서 종단장(宗團葬)으로 영결식이, 도봉산의 화계사(華溪寺)에서 다비식이 각각 거행되었다. 다시 밀양 표충사로 내려와서 49재의 법요식이 봉행되었고, 그 후에 서래각 뒤편의 산록에 자연석을 이용한 천

진보탑(天眞寶塔)이라는 사리탑이 건립되었다. 그 외에도 재적본사인 송광사·용화사·미래사에도 차례로 사리탑과 행적비를 세워 그의 행적을 기리고 있다.

| 미래사 효봉문중의 부도밭

효봉의 일생은 왜색불교에 찌든 한국 불교종단을 정화하는데 있었고, 보조 지눌이 주창했던 정혜쌍수의 방편에 의지하여 한국불교의 전통성을 회복하는데 있었다. 정혜결사를 통한 종단의 정화운동은 물질과 권력에 휩쓸려 부화뇌동하는 승단과 불교의 참된 정신을 상실하고 기복신앙으로 흘러가는 현재 한국불교계에 나아갈 길을 제시해 주고 있다.

반야용선 떠나가는
화왕산 관룡사

창녕은 변진(弁辰) 24국 가운데 불사국(不斯國)이었으며, 생태습지인 우포늪과 바람에 은빛 물결 일렁이는 화왕산(火旺山) 억새로 유명하다. 화왕산의 동쪽 줄기에는 산봉우리의 수려한 바위들로 '창녕의 금강산'이라고 불리는 관룡산(觀龍山)이 있으며, 그 중턱에는 천년 고찰인 관룡사(觀龍寺)가 다소곳이 자리하고 있다. 내친김에 관룡사 뒤편의 용선대(龍船臺)까지 올라보면 더욱 좋은 풍광을 즐길 수 있을 것이다.

1. 월영삼지(月影三池)에서 구룡(九龍)이 승천하고

'신라 8대 사찰' 중의 하나로 알려져 있는 관룡사는 349년(흘해왕 40)에 창건되었다고 한다. 한반도 불교의 북방 전래설을 따른다면 아직은 이곳에 불교가 들어오기 전이지만 만약 남방 전래설을 따른다면 불가능한 것도 아닐 것이다. 창녕은 남쪽의 금관가야와 낙동강으로 연결되어 있어 남방 불교가 전래될 가능성이 있다. 또한 창녕은 사람과 물산이 모여드는 낙동강 중류의 전략적 요충지였다. 이로 말미암아 일찍부터 중앙의 왕실이나 불교계의 배려 속에서 창녕의 진산인 화왕산에는 자연히 여러 사찰이 창건될 수도 있었을 것이다. 하지만 현재는 불교의 북방 전래설이 더 많이 수용되고 있으며, 진흥왕을 전후해서 창녕지역이 신라의 지배권으로 들어가기 때문에 여전히 해결해야 하는 숙제도 남아 있다.

1733년 신유한(申維翰)이 찬술한 「관룡사 사적기」에 의하면, 이 절은 583년(진평왕 5)에 증법(證法)국사가 창건하였다.

그 후 원효가 1천명의 제자에게 화엄경을 강설할 정도로 번창하여 '신라 8대 사찰' 중의 한곳이라고 하기도 하였다. 하지만 원효와 화엄경 강설은 천성산 화엄벌 혹은 통도사와 관련된 것이라는 이야기도 있어 혼란을 초래하고 있다. 또한 구룡산(九龍山, 관룡산의 별칭)이나 관룡사라는 명칭도 원효의 기도로 화왕산 정상의 월영삼지(月影三池)에서 아홉 마리 용이 승천하는 것을 사람들이 보았던 것에서 유래한다고 한다. 그 후로 성덕왕 때는 관룡산의 정상에 용선대가 조성되었고, 748년(경덕왕 4)에는 사역(寺域)이 확장되면서 추담(秋潭)에 의해 여러 전각이 중창되었다. 772년(혜공왕 8)에도 불환(不還)법사 등에 의해 미륵상이 조성되면서 계속 사세(寺勢)를 유지하였다.

| 관룡산 기암괴석에 둘러 싸인 대웅전

고려시대에 관룡사의 현황을 알 수 있는 자료는 거의 없지

만 약사전의 석조여래좌상과 3층 석탑 등이 고려시대의 유물이라는 것을 고려해 보면 여전히 사세를 유지했다고 볼 수 있다.

조선에 들어와서는 1401년(태종 1)에 대웅전이 중수되고, 1507년(중종 2)에 약사전이 중건되었다. 하지만 임진왜란으로 약사전을 제외한 대부분의 당우와 전단림(栴檀林)이 모두 잿더미로 변해 버렸다. 전란의 상처가 어느 정도 회복되던 1617년(광해군 9)에 영운(靈雲)이 대웅전을 중건한 이래로 향적전(香積殿)의 창건(1619), 금당의 건립(1622) 등이 잇따라 13개의 당우와 6개의 부속암자를 거느리게 되었다. 그 후에도 1704년(숙종 30) 가을에 큰 홍수가 발생하여 금당과 부도가 유실되고, 20명의 승려가 익사당하는 참변이 있었지만 1712년(숙종 38)부터 다시 대웅전의 중수를 시작으로 미타전의 창건(1726), 영산전의 창건(1729) 등이 이루어졌다. 이 당시 관룡사는 지사(紙舍)를 갖추고 판각과 인출을 할 수 있을 정도로 사세가 발전하고 있었다. 지금도 관룡사 대웅전의 왼편에는 승려들이 사용했다는 커다란 밥구시(5*0.9*0.75m)가 남아 있어 융성했던 관룡사의 사세를 짐작하게 해 준다.

19세기에 억불정책의 강화와 사원경제에 대한 수탈이 강화되자 관룡사의 사세(寺勢)도 점차 쇠퇴하면서 대웅전·약사전·명부전·원음각·벽파당만 남아 겨우 명맥을 유지하게 된다. 1883년(순조 33)에 대웅전의 중수가 이루어지면서 관룡사의 가람 배치도 변화되었다. 1929년에 등도해치랑(藤島亥治郎)은 관룡사를 실측한 개략도(槪略圖)를 남겼는데,

그 후로도 여러 차례 불사가 이루어지면서 관룡사의 가람 배치에 일부 변화가 있었다는 것을 알 수 있다.

2. 반야용선이 잠시 닻을 내리고

관룡사가 있는 관룡산은 보기와 달리 계곡이 상당히 깊은 곳으로, 왼쪽의 커다란 저수지를 돌아 오르면 매표소에 다다른다. 관룡사는 아직 멀지만 탐방은 여기서부터 시작하면 될 것이다. 층층이 축대를 쌓아 올려 잘 정비한 개성천을 따라난 산길을 오르다 보면 오른쪽으로 고려말에 화엄승려로 개혁을 추진했던 신돈(辛旽)의 출생지인 옥천사지(玉泉寺址)가 있다. 비록 축대가 허물어지고 석재가 여기저기 너부러져 있지만 이곳이 사지(寺址)라는 것을 한눈에 알아챌 수 있다. 공민왕 때 편조(遍照)대사로 불렸던 그는 개혁을 주도했지만 실패하게 되자 그의 삶은 당시의 권문세가와 조선의 신진사

| 관룡사 입구의 석장승

대부들에 의해 의도적으로 철저히 왜곡되어졌다.

옥천사지를 지나 근래에 정비된 길로 오르면 마치 돌하르방과 닮은 관룡사 석(石)장승을 볼 수 있다. 사찰에 세워지는 장승은 주로 사찰의 경계를 표시한다는 현실적 의미 외에도 호법(護法)이나 비보(裨補) 등의 신앙적 의미도 지니고 있다. 보기에 구부정하면서도 부드럽고 조금 통통하게 처리된 오른쪽 것(높이 250㎝)이 여(女)장승이고, 상대적으로 작고 날씬하면서도 뚜렷하게 선각 처리된 왼쪽 것(220㎝)이 남(男)장승이다. 둘 다 화강암 재질에 투박하게 제작된 것으로 이곳을 지나는 탐방객들에게 친밀감을 더해 주고 있다. 이 석장승은 지난 2003년 9월경에 잠시 분실되었다가 충남 홍성에서 발견되어 제자리로 돌아오게 되었단다.

석장승을 지나 조금만 더 오르면 깔끔하게 층층이 쌓아 올린 축대 옆으로 돌계단이 있다. 그 계단의 끝에는 관룡사의 일주문이라 할 수 있는 돌로 쌓아 올린 아담한 석문(石門)이 있는데(폭 118㎝ 높이 210㎝) 여느 사찰에서는 보기 힘든 모습이다. 그 왼쪽으로는 범종각과 원음각(圓音閣)이 자태를 드러낸다. 석문 안쪽에는 4기의 공덕비가 세워져 있다. 다시 자연석을 이용해 쌓은 계단을 올라 화왕산 관룡사(火旺山觀龍寺)라는 편액이 걸린 천왕문을 지나면 관룡사의 안뜰이 모습을 드러낸다. 경내는 키가 낮은 나무들과 화초로 꾸며져 있어 더욱 깔끔한 인상을 준다.

천왕문의 왼쪽에는 누문 형식의 범종루가 있고, 정면에는 원음각이 있다. 범종루(정면 3칸 측면 2칸)는 최근에 건립된 것이지만 보관되어 있는 목조 사자고대(木造獅子鼓臺)는 조선후기의 것으로 인상적이다. 올려져 있는 법고도 계란 모양의 타원형으로, 단청이 되어 있지 않아서 소박함을 잘 드러내고 있다. 원음각(정면 3칸 측면 2칸)은 대웅전과 같은 중심축 위에 있으면서 방향만 서쪽으로 조금 틀어 앉아 있다. 2층 누각식 당우

| 범종루 목조 사자고대

인 이곳은 1634년에 극락전과 함께 초창되었다. 예전에는 이곳의 1층을 통해서 경내를 출입했던 것 같지만 지금은 폐쇄되어 옛 모습을 찾아 볼 수 없다. 내부에는 신유한의 중수기를 포함한 23기의 현판이 보관되어 있어 관룡사의 역사를 이해하는데 도움이 된다.

원음루의 계단을 오르면 남향을 한 대웅전(정면 3칸 측면 3칸, 보물 212호)이 있다. 관룡산의 기암괴석을 병풍 삼아 1401년에 창건되었는데, 그 후로 몇 차례 중수를 거쳐 지금에 이르고 있다. 대웅전에는 17세기 중반에 제작된 것으로 추정되는 석가삼존상이 봉안되어 있고, 그 위에는 화려한 닫집이 설치되어 있어 장엄을 더하고 있다. 본존불의 뒤쪽으로는 아름다운 채색의 멋진 수월관음도가 숨겨져 있어 성급한

| 관룡사 대웅전 수월관음 벽화

탐방객들은 놓치기 일쑤이다. 또한 1791년에 제작되었던 '감로왕도'도 있었던 것으로 보아 대웅전 내부는 상당히 화려하게 꾸며졌던 것 같다. 대웅전 바깥의 왼쪽 벽면에는 커다란 밥구시가 있는데 이것은 이전에 관룡사의 번성했던 사세를 짐작할 수 있게 해 준다. 대웅전의 주변에는 오른쪽에 칠성각(정면 3칸 측면 1칸)·응진전(정면 3칸 측면 1칸)·산령각(정면 2칸 측면 1칸) 등이 있고, 왼쪽에는 명부전이 있다.

대웅전을 등지고 오른쪽 대각선 방향으로 약사전(정면 1칸 측면 1칸, 보물 146호)이 있다. 비록 규모는 작지만 관룡사 내에서 유일하게 조선초기의 건물로 건축사에서도 중요한 가치를 지닌다. 대웅전이 초창될 때 함께 지어진 것으로 추정되는 이곳은 전각의 몸체에 비해서 얹어 놓은 지붕이 다소 무거워 보일 정도로 크다는 느낌이 든다. 약사전 내부와 외부의 벽면에는 채색이 퇴색하기는 했지만 불화와 사군자가 장식되어 있고, 그 속에 고려후기에 조성된 석조여래좌상(보물 519호, 높이 110㎝)이 팔각대좌 위에 앉아 있다. 이 불상은 용

60

선대의 여래좌상을 모방한 것으로 불신(佛身)에는 두꺼운 회칠이 되어 있다. 불상의 뒤쪽에 광배를 연결하는 철심이 있는 것으로 보아 원래는 광배가 있었지만 현재는 결실되고 없다. 팔각좌대의 중대석 정면에서 시계 방향으로 첫 번째 안상(眼象)에는 4행에, 각 행에 8자씩으로 이루어진 총 32자의 명문이 발견되었다. 그 가운데 현재의 석조여래좌상이 아닌 '대력 7년(大曆七年)'에 불환(不還)법사가 미륵불을 조성했다는 것을 전하는 내용이 있어 역사적 가치를 더해주고 있다. 약사전 앞에 여말선초에 조성된 3층 석탑도 있는데 지붕돌 부분에 파손이 심각하다.

| 관룡사 약사전과 삼층석탑

 본사의 탐방을 마치고 용선대를 올라보는 것도 괜찮다. 용선대를 오르기 전에 먼저 잠시 여유를 가지고 대웅전 뒤편에서 능선을 바라보면 멀리서 다소곳이 앉아 있는 석가여래좌

상을 감상하는 것이 좋다. 그 후에 명부전 옆으로 난 오솔길을 따라 큰 바위 더미를 타고 넘어 600m쯤 나아가면 용선대가 나타난다. 이곳의 석가여래좌상(보물 295호, 높이 189㎝)은 고해(苦海)에 허덕이는 중생을 반야라는 지혜의 배를 이용하여 피안의 세계로 실어 나르는 반야용선을 상징한다. 여기서 높은 연화좌대 위에 결가부좌의 모습으로 동쪽을 바라보는 부처는 용선을 이끌고 서방정토로 나아가는 선장인 것이다.

이 팔각좌대의 중대석에도 3행의 명문이 있는데, 그 가운데 '개원십(開元十)'이라는 내용을 확인할 수 있다. 이것은 적어도 용선대의 불상이 722~731년(성덕왕 21~31) 사이의 언젠가에 조성되었을 것임을 알려준다. 불상의 양식은 석굴암의 본존불과 닮았지만 유리로 밀폐된 석굴암의 부처님이 보신다면 자연의 수려한 풍광을 즐기는 용선대의 부처님을 부러워하실 것 같다.

삶이 힘들고 지칠 때 관룡사를 통해 잠시 닻을 내린 용선대를 오르면 석가여래의 반야용선은 피차를 구분 짓지 않고 중생들을 무욕(無慾)의 피안으로 태워 줄 것이다.

5

번득이는 혜안의 산실(産室),
칠선계곡의 벽송사

지리산 골골이 좋지 않은 곳이 어디 있겠는가마는 산의 북쪽에 자리한 함양은 더욱 좋다. 함양의 북쪽, 서하면 화림동천(花林洞天)의 풍광 좋은 곳에는 바위 끝자락 곳곳에 거연정·군자정·동호정·농월정·광풍루·심원정 등이 줄지어 있어 정자(亭子) 동네라고 할 수 있다. 풍광 좋은 곳은 사찰들 역시 놓치지 않고 자리하는데, 남쪽 마천면에는 벽송사·영원사·안국사·등구사·금대암 등 유명한 사암(寺庵)들이 신라 때부터 터를 잡고 한국불교의 발전을 이끌었다. 남한의 3대 계곡 가운데 하나로, 특히 가을 단풍으로 유명한 칠선계곡에는 벽송사가 있다. 이곳은 조선의 숭유억불정책으로 불교가 쇠퇴할 때도 벽계 정심(碧溪正心) 이래로 조선의 선맥(禪脈)을 이어가며 수많은 선승을 배출시켰던 산실(産室)이다. 분주한 일상에서 벗어나고 싶을 때 잠시 칠선계곡의 벽송사로 떠나보는 것도 괜찮다.

1. 조선 선맥의 산실 벽송사

벽송사는 지리산의 8대 사찰 가운데 하나로 연꽃이 활짝 핀 것 같은 형국[芙蓉滿開], 혹은 청학이 알을 품는 형국[靑鶴抱卵]에 위치하는 천하의 명당이라 한다. 이런 승지(勝地)에는 세속과 단절되어 인적이 미치지 않아 일찍부터 수행승이 즐겨 찾아 이름난 사암이 많았다. 지리산 북쪽 칠선계곡의 중턱에 자리한 벽송사도 그런 곳으로 일찍부터 승려들이 몰려들어 가람이 건립 되었지만 사적기나 비명(碑銘)이 전하지 않아 그 상세한 내력은 알 수 없다. 다만 옛 절터에는 고려초기 양식의 석탑이 남아 있고, 인근에는 신라시대에 창건된 등구사 · 안국사 · 금반암 등의 사암(寺庵)이 있는 것으로 보아 이미 여말선초에 많은 가람이 창건되었을 것이라 짐작할 뿐이다. 하지만 창건 이래 500여 년 동안의 사세(寺勢)는 흐르는 물소리, 바람 속에 묻혀 현재는 알 수 없다.

그러다가 조선중기인 1520년(중종 20)에 태고 보우와 벽계 정심의 심법을 이어받은 벽송 지엄(碧松智嚴)이 절을 중창하면서 벽송사라고 개칭하였다. 그는 이곳에서 무자화두(無字話頭, 개에게는 불성이 없다)를 수행함으로써 조선에서 간화선이 뿌리 내리도록 하였다. 그로부터 부용 영관(芙蓉靈觀)을 거쳐 경허 성우(鏡虛惺牛)에 이르기까지 수많은 선사들이 이곳에 머물러 수행함으로써 "108명의 조사가 수행하고 교화했던 도량[百八祖師 行化道場]"이라고 전하는 조선 선불교의 산실이 되었다. 옛 사람들도 벽송사의 성황을 "연꽃이 활짝 핀 극락정토에 조사의 깨달음이 만대에 이어지리[芙蓉淨土 祖印萬代]"라고 읊었다. 수많은 선사가 배출되면서 "벽송선방의 문고리만 잡아도 성불한다"는 재미나는 이야기도 생겨났다. 그래서 지금도 벽송사를 찾는 일부 탐방객들은 어느 문고리가 성불하는 문고리인가하고 농담조로 관심을 드러낸다.

2대 조사인 부용은 영호남의 많은 선지식과 교류하여 널리 교화를 행하였다. 많은 사람들은 그에 대해서 "전단향나무를 옮겨 심으니 다른 나무들도 향기가 난다"고 칭송하였다. 그의 문하에서는 청허 휴정(靑虛休靜)과 부휴 선수(浮休善修)를 비롯하여 수많은 제자가 배출되어 조선의 선불교를 중흥하는 역할을 담당하였다. 그 후로 환성 지안(喚惺志安)이 1704년(숙종 30)부터 벽송사에 머물면서 당우를 크게 중수하여 부속 암자만도 10여 곳이 되었다고 한다. 화엄대강백(華嚴大講伯)으로 유명했던 지안이 선원과 강원을 함께 설치하면서 300여명의 수행자가 상주하는 곳으로 변모하였다. 이로 말미암아 벽송사는 "조계조정(曹溪朝廷)·선교겸수(禪敎兼修)·간화도량(看話道場)" 등으로 불리게 된다. 벽송사의 사세(寺勢)는 조선말까지도 유지되어 뛰어난 수행자를 선발하여 유학을 보내기도 하였다. 하지만 일제강점기에는 조선불교의 말살정책이 시행되면서 점차 쇠퇴의 길을 걸었다.

| 미인송에서 본 벽송사 전경

해방 후에 좌우 이념의 대립 속에서 한국전쟁이 발발하였고, 그때 빨치산이 지리산을 근거로 활동하면서 벽송사는 인민군의 야전병원으로 사용되었다. 국군이 빨치산을 토벌

하면서 가람에 불을 질러 전각이 전소되는 비운을 맞으며 절 집의 살림은 더욱 어려울 수밖에 없었다. 1960년대가 되어서야 불타버린 벽송사터를 뒤로하고 언덕을 조금 내려와 당우를 중창하기 시작하여 최근에야 비로소 사찰로서 면모를 갖추게 되었다.

2. 푸른 소나무 사이로 터를 잡고

함양에 들어서서도 임천을 따라 굽이굽이 계곡을 타고 오르면 승용차 1대가 겨우 지날 수 있는 100m가 넘는 의탄교가 나타난다. 이 다리는 칠선계곡으로 들어가기 위한 관문인데 1985년에 건립되었다. 최근에 칠선계곡을 찾는 탐방객들이 늘어나면서 새로운 다리의 건설이 착공되었다. 다리를 건너서도 계곡을 타고 한참을 오르면 의탄천과 칠선계곡의 물이 합류하는 곳이 나온다. 그곳에서 왼쪽 길로 오르면 벽송사와 서암정사가 함께 사용하는 공용 주차장이 있다. 벽송사로 오르는 언덕에는 2중 기단에 3층 석탑이 서 있어 사찰이 가까워졌다는 것을 알려준다.

벽송사의 탐방은 이 주차장에서 걸어서 시작하는 것이 좋다. 걷다가 힘들면 잠시 걸음을 멈추고 멀리 산등성이나 건너 산 계곡을 훑어보는 것도 괜찮다. 차를 운전하면 앞이 보이지 않을 정도의 경사면을 돌아 오르면 최근에 만들어진 나무장승이 길의 좌우에서 탐방객을 맞이한다. 이전의 장승은 훼손이 심각하여 벽송사 옆의 주차장으로 옮겨 누각을 만들어 보호하고 있다.

현재 벽송사 주차장은 원래 울력을 했던 경작지였고, 흙
담장을 둘러서 지금의 장승이 있는 오른쪽으로 통행을 하였
다. 최근에 담장을 새롭게 조성하고, 큰 전나무 2그루가 마
치 일주문처럼 서 있는 곳의 일부를 헐어서 출입에 편의를
제공하고 있다. 전나무 아래는 널찍한 돌이 놓여 있어 사찰
에 들어서기 전에 잠시 휴식을 취하면 마음가짐을 새롭게
할 수 있다. 벽송사는 좁은 산언덕 위에 가람을 배치했기 때
문에 구역을 3단으로 나누고 있다. 문이 없는 입구를 들어
서면 깔끔하게 정돈된 큰 마당이 있는데 하단영역에 해당한
다. 그 양쪽으로 팔작지붕의 안국당(安國堂, 정면 5칸 측면 3칸)
과 청허당(淸虛堂)이 마주하고 있다. 쌍둥이 꼴인 두 당우는
선원으로, 특히 청허당은 벽송사가 배출한 서산대사를 추념
하여 당호(堂號)로 사용하고 있다. 청허당의 측면에는 '지리
산 벽송사'라는 사액(寺額)이 걸려 있다.

화강암을 두부 자르듯이 쌓아 올린 높은 2층 축대를 올라
서면 아담한 마당의 중단영역이 나타난다. 왼쪽으로는 최근
에 중건한 간월루(看月樓, 정면 4칸 측면 2칸)라는 운치 있는 2층
전각이 있다. 실제로 원통전(圓通殿) 뒤쪽 산으로 넘어가는
달의 정취를 느끼기에 제일 좋은 곳이란다. 오른쪽으로는
'벽송사'라는 현판을 걸은 요사채가 있다. 앞쪽으로 마당 끝
자락에는 나지막한 축대 위에 팔작지붕의 벽송선원(정면 5칸
측면 4칸)이 살짝 앉아 있다. 정면에는 1칸 크기의 툇마루를
두어 출입에 편으로 추구하였다. 처마 밑에는 근현대 전남
지역에서 활동했던 김용구(金容九)가 적은 '지리산 벽송사'라

는 사액(寺額)이, 마루 위에는 '벽송선원'이란 편액이 걸려 있다. 당호에서도 알 수 있듯이 이곳은 수행승들의 참선공간이다. 방바닥은 종이를 먼저 바르고 그 위에 콩기름으로 정리하는 전통방식을 사용하였다. 불단에는 석가모니좌상이 있고 후불탱 대신에 반야심경 액자가 걸려 있다.

| 벽송사의 벽송선원

현재 벽송사의 주불전은 벽송선원 뒤쪽에 가려져 있는 맞배지붕의 원통전(정면 3칸 측면 2칸)으로 관음보살좌상이 봉안되어 있다. 원래는 보광전(普光殿)이라는 당호였는데 한국전쟁 때 소실되고 지금은 편액만 남아 있다. 편액에는 관지(款識)가 없지만 근현대 영남지역 서예가였던 오제봉(吳濟峰)의 글씨로 생각된다. 내부에는 목조 아미타좌상, 목조 대세지보살좌상, 후불탱화 등이 있었지만 2001년에 도난 당하였다. 최근에 건립된 원통전은 벽송선원보다 규모가 작게, 그

것도 선원에 가려지게 되었는데 이것은 복원 과정의 잘못인
지, 아니면 벽송선사 이후로 선불교의 산실이었던 벽송사의
중흥을 꾀한다는 의미인지 알 수 없다.

경사가 치솟은 언덕 위에는 잘 알려진 2그루의 소나무가
있는데, 여기서 부터는 상단영역에 해당한다. 언덕 아래쪽
에서 곧바로 하늘을 향해 늠름한 기상을 드러내는 것이 도
인송(道人松)으로 수령이 300여년쯤 된다. 바로 옆에는 잘려
나간 나무 둥치가 있는데 얼핏 보아 도인송과 비슷한 수령
인 것 같다. 높은 축대 위에서는 미인송(美人松)이 우아한 자
태를 드러낸다. 미인송에는 지안을 연모했던 부용낭자가 지
안이 죽은 후에 천년학이 되어 벽송사에서 스님의 정령을 수
호한다는 애절한 전설이 서려 있다. 최근에는 미인송이 너
무 드러누워 쓰러질 위험이 있어 지지대를 받쳐 보호하고 있
다. 도인송을 돌아 길가의 대나무 숲을 올라가니 널찍한 옛
절터가 있고, 앞쪽으로는 지리산 저편 능선까지 한눈에 들
어오는 풍광에 눈이 호사를 누린다.

푸른 소나무로 둘러싸인 넓은 공터에는 고려초기에 조성
된 3층 석탑(보물 474호)이 있다. 2중 기단에, 상륜부는 노반
과 복발만 있다. 몸돌은 1층에 비해 2·3층의 비례가 급감
하여 조화롭지 못하지만 추녀 끝이 날렵하게 하늘로 치솟아
반전이 있다. 지붕돌받침은 1·2층은 4단인데 반해 3층은
3단으로 줄어들고 있다. 석탑의 보호를 위한 낮은 철제 난
간에 문화재 점검장이 놓여 있는데, 비를 맞아 지저분한 것
이 제대로 관리되고 있지 않는 것 같아 씁쓸하였다. 석탑은

원래 대웅전의 동편에 있었지만 한국전쟁 이후 당우가 현재의 위치로 옮겨 가면서 탑만 법당 뒤편에 덩그러니 홀로 남겨지게 되었다. 또한 절터의 오른쪽 끝자락에는 글씨의 마모가 심하여 명확하지 않지만 율봉당(栗峯堂)을 비롯한 총 3기의 부도가 모셔져 있다.

| 벽송사 3층석탑

  언덕을 내려와 벽송선원을 뒤로 하고 팔작지붕의 요사(정면 5칸 측면 2칸)를 지나면 그 옆에는 범종각이 있고, 아래쪽에 장승이 있는 누각으로 통한다. 범종각 옆에서는 티베트 망명정부의 지도자이자 장족(藏族)의 영적인 지도자인 달라이 라마(Dalai Lama)를 초청하기 위해 조계종단 차원에서 서명을 받고 있었다. 카톨릭의 교종(敎宗)이었던 프란치스코(Francis)

도 다녀갔는데, 달라이 라마도 한번쯤 다녀가는 것도 괜찮
지 않을까하는 생각이 들었다. 하지만 중국과 민감한 외교
문제가 걸려있기 때문에 쉽지는 않을 것이다.

| 벽송사의 장승

장승각에는 금호(禁護)장군과 호법(護法)대장군이라 음각
된 2m정도 크기의 남녀 장승이 누각 안에 있다. 일제강점
기 초기에 조성된 것으로 짐작되는 벽송사 나무 장승은 단단
한 재질의 밤나무를 사용했기 때문에 여전히 원형을 유지하
고 있다. 색채가 세월에 탈색되기는 했지만 눈과 코가 우락
부락하게 조각되어져 있어 예술성이 뛰어나 순천 선암사의
나무 장승에 버금간다는 평가를 받는다. 애석한 것은 1969
년 화재 때에 여장승인 금호장군의 머리 부분이 불타고 코
가 떨어져 나가 버렸다는 것이다. 장승은 잡귀의 침범을 막
거나 비보를 위해 조성되는 것이다. 원래는 절 아래쪽의 길

72

목에 세워져 있었는데 더 이상 훼손되는 것을 보호하고자 현재 위치로 이전되었다. 벽송사의 장승은 판소리 '가루지기 타령'의 변강쇠·옹녀 전설과 관련이 있는 것으로, 벽송사는 그 내용이 전개되는 무대였다고 추정되고 있다.

벽송사에 중창된 현재의 당우들은 깔끔하고 단아하다. 이것은 벽송사라는 사명(寺名)에 부합 하도록 현란한 단청을 하지 않아 사용한 목재의 본색이 그대로 드러나도록 하고 있다. 어쩌면 참선 수행을 통해 인간의 본성을 그대로 드러내려는 것과 마찬가지는 아닐까? 불사를 주도한 선지식의 혜안이 뛰어나다.

3. 푸른 소나무 속에서 무상(無常)을 닦고

벽송 지엄(1461~1534)이 벽송사를 중창했던 조선전기의 선승이다. 그가 이곳에서 수행한 이래로 부용이나 서산을 비롯한 기라성 같은 선승들이 배출되어 조선의 선맥을 이어갔다. 1464년에 전북 부안에서 출생한 지엄은 일찍이 무예에 재능이 있어 28세 때인 1491년에는 북방 여진족의 토벌에도 전공이 있었다.

그 직후 계룡산에서 조징(祖澄)을 통해 출가하였다. 먼저 연희(衍熙)에게 원돈(圓頓)의 교의를 배웠고, 정심으로부터 서래밀지(西來密旨, 곧 참선)를 꿰뚫었다. 그가 정심을 만난 것은 정심이 법란으로 직지사를 거쳐 지리산으로 은거할 때였다. 정심의 문하에서 3년 동안 온갖 잡일을 했지만 도(道)에 대한 가르침이 없자 지엄은 불만을 품고 떠났다. 그러자 멀리

서 정심이 '도를 받으라'고 일갈하자 지엄은 단번에 깨우침을
얻었다는 일화가 있다.

그는 그 후로도 1508년에는 금강산에서 북송의 선승으
로 간화선을 창안했던 대혜 종고(大慧宗杲)의 '무자화두'를 타
파하였고, 원나라 고봉 원묘(高峰原妙)의 화두를 타파하였다.
1520년에는 함양의 지리산으로 들어와서 벽송사를 중건하
고 자신의 수행과 후진 양성에 매진하였다. 1534년 11월에
수국암(壽國庵)에서 제자들에게 『법화경』「방편품」을 설하다
가 입적했다고 한다. 『벽송집』이란 문집이 전하는데 서산대
사가 1562년에 지엄의 흩어진 글을 모아 만든 것으로, 그
판목은 현재 통도사에 보관되어 있다.

지엄은 일생동안 대혜와 고봉의 종풍을 선양하며 조선의 선
맥을 뿌리 내리는데 매진하였다. 그의 청정한 삶과 용맹정진
한 수행은 그가 남긴 아래의 선시에서도 잘 드러나고 있다.

한 벌의 옷, 또 한 벌의 바리때로(一衣又一鉢)
조주의 문하에 들고 났구나(出入趙州門)
산마다 쌓인 눈을 다 밟은 후에야(踏盡千山雪)
돌아와서 흰 구름 위에 누웠네(歸來臥白雲)
— 벽송지엄, 「마하연운(摩訶衍韻)」

6

법신사리를 품은 법보종찰,
가야산 해인사

합천이라면 가야산 해인사(伽倻山 海印寺)할 정도로 불교신자가 아닐지라도 한국인이면 누구나 알고 있는 한국의 대표적인 명찰이다. 하지만 편벽한 서북 경남의 이곳은 88고속도로가 확장 공사를 하지만 여전히 교통 사정이 여의치 않다. 해인사는 대장경판전이 1995년 12월에 유네스코 문화유산으로 등재 되었고, 그 속에 보관되고 있던 고려재조대장경이 2007년에 세계기록유산으로 등재되면서 세계적으로도 주목을 받게 되었다.

1. 해인사의 창건과 변천

'해인(海印)'이라는 사명(寺名)은 『화엄경』의 '해인삼매(海印三昧)'에서 유래한 것이다. 가야산의 신령함은 문수사리[妙德]의 이름과 부합 하였고, 땅의 근본은 청량산의 형세 그대로였다고 한다. 그 서남의 중턱에 자리한 해인사는 금당이 비로전으로 명명되어 비로자나불을 모셨고, 선안주원(善安住院)과 화엄원 등의 건물이 있었던 것으로 보아 대표적인 화엄사찰이었다.

이곳은 해동의 화엄교조인 의상의 3세 법손인 신림(神琳)에게 수학했던 순응(順應)이 애장왕 3년(802)에 창건했다고 전한다. 그는 입당구법에서 돌아와 오랫동안 경주에서 활동하다가 노년에 해인사를 창건하였다. 그가 입적하자 함께 입당구법을 했던 이정(利貞)이 계속 불사를 주도하였다. 해인사의 창건에는 소성왕의 어머니이자 애장왕의 할머니였던 성목(聖穆)태후의 많은 후원이 있었다. 『가야산 해인사 고적』

에는 두 화상이 애장왕 왕후의 질병을 치료하자 왕실에서 토지 2,500결을 기진하였다고 한다.

가야산은 높고 험하기 때문에 창건 당시는 규모가 그다지 크지 않았지만 그 후에 왕실의 지속적인 후원으로 사세(寺勢)가 계속 확장되었다. 창건 100년도 되지 않아(효공왕 4년, 900) 이미 28대덕을 배출할 정도였다. 하지만 진성여왕 때 이미 초적의 공격으로 다년간에 걸쳐 심한 고통을 받았고, 이에 대항했던 해인사 소속의 승속(僧俗)이 56명이나 목숨을 잃었다. 장기간의 혼란 속에서 지배층과 관계가 느슨해지고, 폐쇄적인 성향을 가지면서 해인사는 급속히 쇠퇴하였다.

후삼국말인 930년 경에 왕건(王建)이 해인사의 "옛 사우(寺宇)를 중신(重新)"하면서 부흥을 이루게 된다. 합천은 후백제와 전쟁에서 중요한 전장이지만 왕건에게는 상당히 불리한 곳이었다. 그는 백제 왕자 월광(月光)에게 패하다가 희랑(希朗)의 도움으로 월광의 항복을 받고 백제에 승리하였다. 이에 해인사는 왕건에게 전지 500결을 비롯한 다양한 특혜를 받으면서 사세(寺勢)의 회복을 위한 경제적 기초를 갖추었다.

해인사는 고려시대에도 왕권과 긴밀한 관계를 유지하며 번창하였다. 헌종(獻宗)시기인 1094년에는 대각국사 의천(義天)이 해인사에 잠시 머물렀고, 1129년(인종7)에는 해인사 주지였던 익승(翼乘)이 지리산에서 유가종의 수정사(水精社) 결사가 있을 때 적극 참여하기도 하였다. 고종시기의 천기(天其)는 고려재조장(高麗再雕藏) 교감을 총괄했던 수기(守

其)와 함께 균여(均如)계열의 화엄종 법형제로서 그것의 각성 사업에도 동참하였다. 이처럼 14세기 초반까지도 해인사는 화엄종단에서 가장 두드러진 위치를 차지하였다.

숭유억불을 했던 조선에서도 재조장의 이안(移安)과 수차 례의 중창으로 계속 번창하였다. 1398년에는 왜구들이 창 궐했던 강화도로부터 법보를 안전하게 보존하기 위하여 수 륙의 천리로 대장경을 이안하였고, 그 이듬해 초에는 대장 경의 인경(印經) 불사도 있었다. 특히 1458년(세조4)에는 해 인사의 주지였던 죽헌(竹軒)과 학조(學祖) 등이 왕명을 받들어 대량의 인경을 하였다. 그 가운데 3벌은 왕명으로 흥천사에 봉안되었고, 나머지는 전국의 50여 곳 사찰에 보내어졌다. 그 결과 해인사는 조선초부터 점차 법보 사찰로서 위상을 확 보하게 되었다.

| 원당암에서 바라본 해인사 본사

성종 때는 왕실의 도움으로 학조가 해인사를 지금의 규모로 확충하였다. 이때 30동의 건물을 완성했는데, 그 가운데 장경판전인 보안당(普眼堂, 30칸)을 짓고, 비로전을 대적광전으로 중수하였다. 『가야산유록(伽倻山遊錄)』에는 임진왜란 이전의 해인사 대적광전에 대해 2층(150칸)에 철기와를 덮은 전각이라고 했지만 그 웅장한 규모가 상상조차 되지 않는다. 하지만 해인사는 1695년부터 1871년까지 7차례의 화재를 겪었다. 특히 1817(순조 17)에 있었던 6차 화재는 수백 칸의 당우를 불태울 정도의 대화재였다고 한다. 그 후에 제월(霽月)이 중심이 되어 규모는 이전에 비해 축소되었지만 옛 가람의 배치 형태를 유지하면서 대적광전을 포함한 당우를 중수하였다. 이 때 경상감사였던 김노경(金魯敬)이 많은 도움을 주었고, 특히 그의 아들인 김정희는 1818년(33세)에 감색 비단에 금니(金泥)를 사용하여 「가야산 해인사 중건상량문(伽倻山海印寺重建上樑文, 4.85×0.94m)」을 남겼다. 오늘날 해인사의 건물은 대장경판전을 제외하고는 거의 1817년 이후에 중수된 것이다.

1967년에 조계종 최초로 해인총림이 설치되었고, 현재는 재조대장경을 포함한 70여점의 국보 · 보물이 산재해 있다.

2. 연꽃 봉오리, 꽃심지 속에는?

'가야(伽倻)'라는 산명은 대가야국에서 유래했다는 설과 인도의 왕사성(王舍城) 가야산에서 유래했다는 설이 있다. 최치원이 "산을 가야라 한 것은 석가문(釋迦文)이 도를 이룬 곳과 같기 때문"이라 한 이래 대부분의 사람들은 후자를 믿고 있다. 지금도 인도에는 석가가 성도했다는 부다가야 근처에 가야성과 가야산이 있는데, 범어로 Gayā는 코끼리[象] 혹은 소[牛]를 의미한다. 가야산의 정상에는 소머리 모양의 바위가 있다고 하여 속칭 우두산(牛頭山) 혹은 상두산(象頭山)으로도 불린다.

가야산의 형세에 대하여 최치원은 "산의 신령스럽고 빼어남이 부처님[妙德]의 이름과 조화되고, 땅의 형태는 청량(淸凉)의 승세(勝勢)와 비슷하여 다섯 상투를 잘라 짠 데에서 한 머리카락을 뽑아낸 것 같다"고 평하였다. 『신증동국여지승람』에서는 고기(古記)를 인용하여 "가야산 형승이 천하에 뛰어났고 지덕이 해동에는 짝이 없으니 참으로 수도할 곳이다"고 하였다. 이중환이 편찬한 『택리지』에서는 "경상 일도에는 화산(火山)이 없는데, 오직 가야산만이 뾰족한 바위가 줄줄이 이어져서 불꽃이 공중으로 솟아오르는 듯하니, 지극히 높고도 수려하다"고 하였다. 불교에서는 가야산을 연꽃 봉오리로, 해인사를 그 속의 꽃심지에 해당한다고 묘사한다. 풍수에서는 가야산을 삼재가 미치지 않는 명승지로, '떠나가는 배'의 형국이라고 설명한다. 가야산 전체를 선체(船體)로 보고, 그 속의 해인사는 선실로, 중봉의 마애석불은 배를 지휘하는 선장으로, 장경각 뒤쪽의 수미정상탑 자리에 있던 바위는 돛대로, 남산(매화산)의 기암괴석은 삿대로 해석한다.

이런 형국의 가야산은 인도나 중국의 불교 승지와 유사하다고 알려져 역대로 많은 수도승이 머물렀고, 겹겹이 둘러

싸인 비경(秘境)은 최치원 이래로 많은 묵객(墨客)의 발길 아래 시가(詩歌)를 자아내었다. 한강 정구(寒崗鄭逑)는 가야산을 아래와 같이 노래하였다.

커다란 산의 진면목을 드러내지 아니하고(未出全身面)
살며시 한 모퉁이의 기묘함만 나타내었네(微呈一角奇)
바야흐로 조물주의 뜻을 알겠으니(方知造化意)
천기를 드러내고자 아니하누나(不欲露天機)
　　－정구,「숙야재에서 가야산을 바라보다[夙夜齋望伽山]」

이 시는 1603년 겨울에 관료생활을 청산했던 정구가 고향인 경북 성주의 숙야재에 머물면서 지은 것이다. 그는 멀리 남쪽으로 구름에 가리어 보일듯 말듯한 가야산을 조망하며 절경을 노래하였다.

비경 속의 해인사는 가야산 우두봉의 남쪽 중턱에 자리한 것으로, 좌측의 향로봉 능선과 우측의 학사대 능선의 품에 깃든 모습이다. 해인사 전각들은 가야산을 기준으로 조산(朝山)인 남산을 바로 보지 않고 약간 오른쪽(서쪽)으로 돌아 앉아 있다. 경내의 전각은 일주문에서 구광루(九光樓)를 거쳐 대장경판전과 수미정상탑을 중심축으로 배치되어 있으며, 이를 따라서 진입하는 과정은 '해탈(脫俗)'의 각 단계로 비정되고 있다. 일주문에서 구광루까지는 진입공간으로 욕계(欲界)에, 구광루에서 정중삼층석탑 주변까지는 수도생활공간으로 색계(色界)에, 대적광전을 중심으로 한 전각은 예불공간으로 무색계(無色界)에, 판전 건물 입구인 보안문 뒤편으로는 법보공간에 해당한다. 특히 가람의 중심에 자리한 구광루를 경계로 진입축이 꺾여 있는데, 이것은 해인사가 정박이 아니라 피안으로 떠나가는 배[行舟]를 표현하기 위한 것이다.

| 해인사 비석거리

해인사와 곳곳에 자리한 부속 암자에는 지금도 많은 수행자들이 법보인 대장경에 의지하여 피안으로 나아가고 있다. 해인사의 탐방은 주차장이 있는 성보박물관에서 시작하다. 해인사의 숲길을 따라 올라 가면 한국전쟁의 포화 속에서 해인사를 구했다는 '김영환 장군 팔만대장경 수호 공적비'가 나온다. 그곳을 지나면 비석거리가 나오는데, 역대로 해인사와 관련이 있던 고승들의 석비(石碑)와 그들의 사리를 보관한 부도전이다. 이 가운데는 해인사의 사적을 기록한 사적비와 의천을 따라 송에 갔다가 귀국하여 예종의 왕사가 되었던 원

경왕사비(元景王師碑) 등이 주목된다.

바로 위쪽에는 2중 기단의 3층 탑신인 해인사묘길상탑(海印寺妙吉祥塔)이 있다. 이것은 진성여왕 때 해인사 주변에서 비명횡사한 사람의 명복을 빌기 위하여 895년에 승훈(僧訓)의 주도로 세워진 진혼탑의 일종이다. 1966년 여름에 이 탑 안에서 도굴되었던 157개의 소탑과 함께 최치원이 찬한 지석(誌石) 4건이 회수되면서 탑의 건립 내력을 알 수 있게 되었다.

불전으로 가기 위해서는 일주문·천왕문·불이문 등 3개의 문을 통과해야 한다. 1940년에 중건된 맞배지붕의 일주문 두 기둥에는 함허(1376~1433)의 "지나온 천겁 세월이 옛 아니듯[歷千劫而不古]", "만세가 흘러도 오늘 그 자리[亘萬歲而長今]"라는 전서체의 글귀가 있다. 앞면에는 '가야산 해인사', 뒷면에는 '해동제일선원(海東第一禪院)', 그 가운데는 '홍하(紅霞)'라는 현판이 있다.

애장왕후의 난치병을 치료한 은덕으로 해인사를 개창할 때 심었다고 전하는 고사목을 지나면 1817년에 재건된 천왕문[鳳凰門]에 이른다. 정면에는 선원·강원·율원·염불원을 모두 갖춘 종합 수도원이란 뜻의 '해인총림(海印叢林)'이란 편액이 있다. 해탈문의 오른쪽 아래에는 다른 사찰에서 좀처럼 볼 수 없는 1855년에 중창된 작은 국사단(局司壇)이 있다. 산신각이 사찰이 위치한 산을 외호하는 산신을 받드는 곳이라면, 이곳은 사찰의 국내(局內)인 해인사 결계도장(結界道場)만을 관장하는 호국신(護局神 혹은 道場神)인 국사대신(局司

大神)의 위패를 모시는 곳이다.

마지막 관문인 불이문[解脫門]은 원래 성종 때 창건되었지만 소실되고, 1817년에 봉황문과 함께 재건된 맞배지붕(정면 7칸 측면 2칸)이다. 정면에는 김정희를 존경했다는 만파(萬波)가 1865년에 적은 '해동원종대가람(海東圓宗大伽藍)'이란 편액이 있다. '원종(圓宗)'은 일본의 정토종에 대항하여 결성된 한국의 전통 불교종단을 지칭하는 것으로, 선·교뿐만 아니라 정토·진언밀교 등을 두루 갖춘 원융한 교단이라는 의미를 내포한다. 뒤편에는 이승만이 적었다는 '해인대도량(海印大道場)'이란 현판이 있다.

| 정중삼층석탑과 대적광전

불이문을 올라서면 넓은 앞마당에 구광루(九光樓, 정면 7칸 측면 2칸)가 자리한다. '구광'이란 명칭은 『화엄경』에서 연유한다. 석가는 일찍이 보광(普光)법당을 비롯한 아홉 곳에서 『화

84

엄경』을 설법하여 중생을 교화했는데, 설법하기 전에 항상 먼저 백호(白毫)에서 광명을 내보여 중생들이 믿음을 내게 한 뒤에 기쁜 마음으로 설법을 하였다는 것이다. 구광루는 대적광전의 노출을 감추기 위하여 안배된 것으로, 축대 아래의 해탈문 쪽에서는 2층으로, 축대 위의 정중삼층석탑 쪽에서는 단층으로 보인다. 현판 글자의 크기도 행주(行舟)의 형국에 어울리게 우측의 '구(九)'에서 좌측의 '루(樓)'로 갈수록 커지고 있어 마치 깃 폭이 펄럭이는 것 같은 생동감을 전해 준다.

원래 통로였던 2층루 아래 계단은 폐쇄되어져 지금은 양측의 계단으로 오르내린다. 법당(대적광전 · 대비로전 · 관음전 · 명부전 등)으로 둘러 싼 넓은 뜰이 있고, 그 중간에는 석등과 석탑이 있다. 원래 비로전이었던 대적광전(정면 5칸 측면 4칸)은 1488년 학조가 중창할 때 개명된 해인사의 주불전이다. 불전으로 들어가는 계단은 전면에 3개, 양측면에 각각 1개씩 있으며, 중앙 계단의 소맷돌에는 비늘무늬의 용머리가 조각되어 있다. 내부는 불전의 이름에 부합되는 비로자나불을 본존으로 모시고 있다. 수미단에는 2불 5보살이 봉안되어 있는데, 왼쪽부터 법계보살 · 보현보살 · 지장보살 · 비로자나불, 본존인 비로자나불 · 문수보살 · 관세음보살이다. 중앙의 비로자나불과 문수 · 보현보살은 원래 성주군 금당사(金塘寺)의 것인데 폐사되면서 가야산 용기사(龍起寺)로 옮겨졌다가, 1897년에 범운(梵雲)이 다시 해인사에 안치했다고 한다. 본래 해인사의 본존불은 문수보살 옆의 비로자나

불이다. 불전의 처마 밑에는 웅장한 규모에 어울리게 정면
에는 대적광전, 동쪽에는 금강계단, 뒤쪽에는 대방광전(大方
廣殿), 서쪽에는 법보단(法寶壇)이라는 현판이 있다. 또한 외
벽에는 해인사의 창건설화, 대장경의 이운행렬도를 비롯한
20여 점의 벽화가 있어 해인사의 내력을 이해하는데 도움을
준다.

대적광전을 돌아가면 뒤편의 2층 축대 높이 팔만대장경·
장경각·보안당(普眼堂)이란 현판이 보인다. 대문을 지나
면 우진각 지붕을 한 수다라장(修多羅藏)과 법보전(정면 15칸 측
면 2칸)이 각각 동서로 뻗어 있고, 중앙칸에는 삼존불(비로자
나불·문수보살·보현보살)을 봉안하여 예불을 볼 수 있도록 하
였다. 이곳은 목판의 보존을 위하여 환풍·습기·방충 등
이 최우선으로 고려되어졌다. 바닥에는 횟가루·소금·모
래 등을 사용하였고, 건물 외벽에는 내부의 적당한 환기를
위하여 앞뒷면에 2단으로 각기 다른 크기의 붙박이 창살을
설치할 정도로 과학적으로 설계되었다. 1488년에 지어진
장경판전(국보 52호)에는 호국불교의 상징인 재조장(국보 32호)
81,340매(1,501종 6,708권)가 보관되어 있다. 재조장의 호국
성에 대해서는 조선전기 영남 사림의 지도자였던 김종직의
아래와 같은 시에서도 잘 나타난다.

대장경 판목을 실은 천 칸의 시렁(梓板千間架)
     재 판 천 간 가
먼 곳에서도 소문이 자자했다네(殊方亦聲聞)
     수 방 역 용 문
     ……

모름지기 귀신을 깨워 지키게 할 것이니(須煩鬼呵護)
후왕들로 하여금 근심을 면하게 하소소(免使後王勤)
－김종직, 『점필재집』권14 「해인화판상운(海印和板上韻)」－

비록 조선후기까지 박지원(朴趾源)처럼 "묻노라 그 누가 이
절을 지었는가, 나라를 기울일 정도로 재물을 축 내었구나
…… 신(神)이 한 말에 감격하여, 온갖 불경을 판목에 새겼다
니, 이 일은 진실로 황당하구나"라고 해인사의 창건이나 재
조장의 조성을 비난하기도 했지만 조선전기에는 유학자도
대장경에 호국을 간절히 염원했던 것이다. 장경판전은 이후
1622년과 1624년 두 차례의 중수를 거쳐 현재에 이르고
있다. 또한 안뜰의 동서 양쪽 끝에는 맞배지붕의 동·서사
간고(정면 2칸 측면 1칸)가 있다. 이곳에는 사찰과 지방관서에서
판각한 해인사고려각판(54종 2835판)이 보관되어 있는데, 국
보 206호(28종 2725판)와 보물 734호로 각각 지정되어 있다.

| 학사대 쪽에서 본 수다라장

3. 골골이 깃든 암자

해인사에는 16개의 부속 암자가 있는데, 이 중에 13개는 해인사의 반경 1km 이내 집중되어 있다. 해인사 서편에는 홍제암을 포함한 7곳이, 동편에는 백련암을 포함한 6곳이 있다. 먼저 동쪽으로 지족암 골짜기 맞은편에는 금강산의 보덕굴에 비유되는 희랑대(希朗臺)가 있다. 이곳은 나말여초의 화엄종장으로, 북악파를 이끌고 왕건을 도왔던 희랑의 수도처이다. 930년 경에 만들어졌다고 전하는 건칠희랑화상목조상(보물 999호, 높이 82cm)이 있는데, 이것은 한국에서 현존하는 유일한 승려의 진영 조각이다. 이 상은 나무에 건칠(乾漆) 기법을 사용하여 육신과 표정이 사실적으로 표현되어 있다. 단 가슴에 있는 작은 구멍은 그의 자비심을 나타내기 위하여 모기에게 피를 보시하던 곳이라고 산중의 대중에게 알려져 있으나 신이적 요소가 가미된 것이리라.

동쪽으로 조금 돌아 오르면 가야산의 절승지라 알려진 백련암(白蓮庵)이 있다. 노송이 울창한 숲속에 환적대·용각대·신선대 등의 기암절벽이 에워싼 좁은 공간에 축대를 쌓고, 고심원(古心院)·원통전(圓通殿) 등이 단청도 하지 않고 조촐하게 모여 있다. 이곳의 창건 연대는 알 수 없지만 서산대사의 문하인 소암(昭庵)이 1605년에 중건했다는 기록이 전한다. 그 후로 환적(幻寂)을 비롯한 많은 고승이 주석하며 수행처로 삼았던 곳이다.

서쪽으로는 사명(四溟)대사의 입적지인 홍제암(弘濟庵)과 신라 왕실의 원찰이었다는 원당암(願堂庵) 등이 있다. 홍제암은 임란 때에 승병장 사명대사가 말년에 요양했던 곳으로, 1608년에 선조의 하사로 창건되었다. 암자 이름은 그의 입적 후에 광해군이 내린 '자통홍제존자(慈通弘濟尊者)'라는 시호에서 따온 것이다. 홍제암의 만원문 밖에는 그의 일대기를 기록한 '사명대사 석장비'와 부도가 있다(보물 1301호). 1612(광해군 4)에 세워진 이 비문은 『홍길동전』의 저자인 허균이 지은 것으로, 그의 법맥, 속가의 가계, 임란 때에 활약상 등을 상세하게 전한다. 이 비석은 1943년 12월에 조선총독부 학무국장과 경무국장의 지시로 일본인 합천 경찰서장에 의해 파손당하는 비운을 겪기도 했지만 1958년에 현재의 상태로 복원되었다.

홍제암을 돌아 내려서면 원당암이 있다. 이곳은 해인사에서 가장 오래된 사찰로 조선초까지 봉서사(鳳棲寺)라 불린 독립된 사찰이었다. 이곳은 통일신라의 진성여왕이 각간(角干) 위홍(魏弘)의 명복을 빌기 위하여 세운 것으로 추측된다. 지금도 이곳에는 창건 당시의 석조물이 남아 있는데 모두 신라 왕실의 원당(願堂) 형식을 취하고 있다. 한국 점판암 석탑 중에 가장 오래된 것으로 10매의 옥개석을 쌓아 올린 다층청석탑(多層靑石塔, 보물 518호), 점판암과 화강암을 섞어 만든 석등, 보광전(普光殿)의 축대, 배례석(拜禮石) 등이 그것이다.

해인사의 암자는 아니지만 홍류동(紅

| 홍제암의 사명대사 석장비

流洞)의 농산정(籠山亭)도 해인사를 찾는 사람들이 발길을 머무는 곳이다. 이곳은 가야산의 지천이 모여 흐르는 곳으로, 우렁찬 물소리를 뜻하는 농산정이 있다. 고개 너머 청량사(淸凉寺)까지 자주 거닐었다는 최치원은 개울 건너 석벽에 칠언절구의 '제가야산독서당(題伽倻山讀書堂)'이란 시를 남겼다. 그 후로 김종직이나 강희맹(姜希孟) 같은 많은 문인 묵객들이 홍류동 계곡의 풍광으로 많은 작품을 남겼고, 거닐며 곳곳에 각자(刻字)를 남겨 놓았다.

4. 천년을 흐르는 수행자들

해인사는 천년 고찰답게 많은 승려들이 수행처로 머물거나 거처가면서 이름을 남겼다. 예를 들면, 해인사의 화엄종장인 희랑, 의상의 8대 법손으로 최치원의 동복형이기도 한 현준(賢俊), 조선 세조시기에 해인사를 중창시켰던 학조, 근대 불교를 중흥시켰던 용성·자운·성철 등이 끊임없이 배출되었다.

희랑은 나말여초에 해인사에서 주석하며 『화엄경』을 강의하였다. 당시(895년경) 천령군(天嶺郡, 현재 함양) 태수이면서 방로태감(防虜太監)이었던 최치원도 초적(草賊)의 방비로 그의 법문을 청강하기 어렵게 되자, 희랑화상에게 드리는 6수의 시를 통해서 강경법회를 찬양하였다. 희랑은 왕건이 후백제와 전투에서 고전할 때 적극 지원하여 승리를 거두도록 함으로써 고려왕실과 긴밀한 관계를 형성 하였다. 지금까지도 희랑대란 이름이 유지되는 것으로 보아 해인사에서 그가 차지하는 위상을 알 수 있다.

승려는 아니지만 최치원도 해인사와 밀접한 관련이 있다. 그는 부패와 혼란의 도가니에 빠졌던 신라에서 더 이상 희망을 찾을 수 없자 형[賢俊]이 있던 해인사로 은거하였다. 그가 입산할 당시의 심정은 그의 입산시(入山詩)에 잘 묘사되어 있다.

> 스님네여 청산이 좋다고들 말하지 마소(僧乎莫道靑山好)
> 산이 좋다면서 어찌 다시 산 밖으로 나오려는가(山好何事更出山)
> 뒷날 내 자취를 시험 삼아 보소(試看他日吾蹤跡)
> 청산에 한번 들어가면 다시 돌아오지 않으리라(一入靑山更不還)
> −최치원, 입산시(入山詩)

이 시에는 세속의 신라 왕실에 대한 절망과 자신의 굳은 결심이 잘 묘사되어 있다. 그는 895년부터 10여년을 있으면서 부석존자전(浮石尊者傳), 결계장기(結界場記) 등 화엄종과 해인사에 관한 글을 많이 남겼다.

숭유억불을 제창했던 조선에서도 학조대사는 세조부터 중종까지 5대에 걸쳐 왕실과 긴밀한 관계를 유지하며 불전(佛典)의 국역, 사찰의 중창 등 다양한 불사를 진행하였다. 특히 그는 세조로부터 스승이었던 신미(信眉), 도반인 학열(學悅)과 함께 삼(三)화상으로 존숭되었다. 그는 세조에게 대장경판전의 확장(40칸)을 윤허 받았고, 성종 7년(1481∼1488)에는 그것을 중건하였다. 그 뒤로도 대적광전을 비롯한 160여 칸의 당우를 중건하였고, 연산군과 중종시기에는 계속하여 대장경 인경 사업을 주도하였다. 학조는 유교를 숭상하던 조선사회에서 외형적으로 불교의 교세를 유지했을 뿐 아니라 대장경 인경이나 불전의 국역을 통한 불교의 대중화에도 노력하였다.

유교로부터 멸시, 일제의 탄압 속에서도 해인사는 용성(龍城, 1864~1940), 자운(慈雲, 1911~1992), 성철(性徹, 1912~1993) 등을 배출하여 불교의 쇄신에 노력하였다. 3.1 운동 때 불교계 대표 중의 한 사람인 용성은 당(唐)의 마조(馬祖)가 '일하지 않으면 먹지를 말라[一日不作 一日不食]'는 정신을 따라 '선농일치(禪農一致)'의 실천불교를 주장하였다. 그는 불교의 혁신을 위하여 1922년부터는 대각교(大覺教)를 널리 주창하고, 국내를 넘어 만주의 용정(龍井)까지 진출하여 포교에 힘썼다.

자운율사는 조선과 일제강점기 동안 유명무실화 되었던 계율의 정비와 진작에 지대한 공헌을 하였다. 계율은 선정·지혜와 함께 불교의 삼학(三學)이면서도 그 기반이 되는 가장 중요한 항목이다. 그는 1947년에 부처님 법대로 수행하자는 '봉암결사'에 동참하였고, 이듬해 8월에는 봉암사에서 전계사(傳戒師)가 되었다. 1951년에는 통도사에 천화율원(千華律院)을 개설하였고, 대량의 율서를 간행하였다. 계단의 정비와 계율의 진작은 참선 위주의 한국 불교계에 빛과 소금의 역할을 다하였다.

성철은 가야산 호랑이로, '산은 산, 물은 물'이란 법어, 친견을 위한 3000배 정진, 누더기 가사장삼 등으로 잘 알려져 있다. 그는 왜색불교가 만연했던 해방 직후인 1947년에 문경 봉암사에서 청담·자운 등의 도반들과 함께 17개 항목의 '공주규약(共住規約)'을 철저히 준수하며 임제종풍(臨濟宗風)을 회복하고자 하였다.

7

불모의 품속, 곰이 불사를
도운 성주사

사람들은 창원이라 하면 계획도시, 혹은 1970년대 중반에 국가 차원에서 기계산업단지가 조성된 공단 도시로 싸늘한 느낌이 드는 삭막한 곳이라 생각한다. 하지만 창원은 일찍부터 합포만을 통해 바다로, 낙동강을 통해서 내륙 깊숙이 교역했던 상업지역이고, 불을 제어하는 뛰어난 기술을 갖추고 있어 각지에서 철을 제련하고 토기를 만들었던 불[火]의 도시였다. 뿐만 아니라 일찍부터 불교가 수용되어져 백월산에 남사·북사가 있었고, 창원분지 내에는 불모산(佛母山)의 성주사(聖住寺), 통일신라 후기 9산선문의 한 곳인 봉림사 등이 있었던 수준 높은 문화도시였다. 그 중에 성주사는 내적으로 적극적인 포교활동, 외적으로 지속적인 중창불사를 통해서 현재까지도 창원을 대표하는 전통사찰이 되고 있다.

1. 성주(聖住)의 자취 혼미하고 ……

성주사가 깃든 불모산은 김해 장유, 진해 웅천, 창원 천선동에 걸쳐 있다. 예로부터 이 산에는 많은 사암(寺庵)이 있었다고 전하는데, 그 가운데 성주사도 있었다. 이곳은 웅신사(熊神寺)라는 사명(寺名)을 함께 사용하다가 근래에 다시 성주사로 정해졌지만 지역민에게는 '곰절'로 더 잘 알려져 있다.

1686년에 동계(東溪)가 편찬한 「성주사 사적문」에 의하면, 827년에 왜구들이 쳐들어 왔을 때 흥덕왕은 지리산에 머물던 무염(無染)을 서남의 불모산에 머물게 하면 외적을 물

리칠 수 있다는 꿈을 꾸었
다. 그 후 무염이 왕명으로
불모산에서 신통력으로 왜
구를 물리치자 왕은 그를 국
사로 삼고, 그의 덕을 기리
려고 토지 360결에 노비
100호를 하사하여 835년
에 절을 세웠다고 한다. 성
주사의 창건은 왜구 격퇴에
대한 보답으로 처음부터 호
국사찰의 성격을 지니고 있
었다.

| 대웅전 앞 고려시대 3층 석탑

하지만 최치원이 찬술한 「성주사 낭혜화상 백월보광탑비
(聖住寺朗慧和尚白月葆光塔碑)」에서는 그는 822년에 입당하여
23년을 수행하다가 845년에 비로소 귀국한다고 전한다. 따
라서 사적기에 전하는 827년이나 835년이란 기록은 무염
과 동시대를 살았던 최치원의 기록보다는 신빙성이 떨어진
다. 아마 17세기에 사적기를 편찬하면서 오류가 있었던 것
은 아닌가 생각된다.

고려시대에도 성주사와 관련한 자료는 드물다. 다만 용화
전을 조성할 때 땅 속에서 발견된 석조 관음보살입상이나 대
웅전 앞에 3층 석탑이 고려시대에 조성되어진 것이다. 일부
에서는 고려 원종시기 고승이었던 자정 미수(慈淨彌授, 1240~
1327)가 머물렀던 웅신사(熊神寺)를 창원지역이라고 보는 견

해가 있지만 재고할 필요가 있다. 충남 공주의 웅신사는 법상종의 종지를 계승하는 법주사의 관할이며, 미수도 고려 법상종의 대가로 법주사를 중심으로 활동했던 인물이다. 하지만 창원의 웅신사는 화엄종 사찰로 미수가 과연 창원 성주사에 머물렀을까 의문이다.

조선에 들어와서는 창원의 웅신사가 국가의 공식문서에 등장하면서 그 존재감을 드러내고 있다. 조선초기인 1407년에는 의정부에서 명찰(名刹)로 각 고을의 자복사(資福寺)를 대신할 것을 청하였다. 이 때 '의창(義昌)의 웅신사'는 조정의 인정을 받아 경상도에서 대표적인 화엄사찰로 선정되었다.

그 후로도 성주사에 관한 자료는 보이지 않는다. 임진왜란으로 가람이 소실된 것을 1604년에 진경(眞鏡)이 산세와 절터를 보고 석탑과 석등을 찾아내어 현재의 자리에 중창하면서부터 성주사의 연혁은 상세하게 전한다. 전언에 의하면, 가람을 재건하기 위하여 쌓아 놓은 목재를 곰이 하루 밤 사이에 옛날보다 산기슭을 조금 더 내려온 현재의 위치에 옮겨 놓았다고 한다. 그로 말미암아 '웅신사' 혹은 '곰절'이라는 사명이 생겨나게 되었다. 그 후로 1655년에는 대웅전이 중수되고 삼존불상이, 1681년에는 상문(尙文)이 지장보살상과 시왕상 등을 봉안하면서 점차 사찰로서 면모를 갖추었다.

1686년에 동계가 「성주사 사적문」을 찬술하면서 성주사라는 사명이 공식화되었지만 웅신사란 사명도 여전히 혼용되고 있었다. 1729년에 찬술된 「삼존상 개금 중수 발원문」에서도 제목에서는 '성주사'라 했지만, 내용에서는 계속하여

'웅신사'라는 사명을 사용하고 있다. 이 때 성주사에서는 많은 불사가 있었다. 먼저 진정(眞淨)이 대웅전의 삼존불상을 개금했는데, 이 때 배불론자였던 경상도 감사 박문수도 참여하였다. 이와 함께 인행(印行)이 그렸던 감로왕탱이 명부전에 봉안되고, 영산전에 삼존불상과 16나한상도 봉안되었다.

| 곰들이 목재를 나르는 모습)

성주사는 19세기가 되어도 일정한 사세(寺勢)를 유지하였다. 1832년에 편찬된 「창원부읍지」에서는 일찍이 성주사에는 승당(僧堂) · 선당(禪堂) · 명경당(明鏡堂) · 청풍당(清風堂) · 관음당 등의 5개 방(房)이 있고, 대자암(大慈庵) · 내원암(內院庵) · 상암(上庵) 등의 암자 3곳이 있다고 전한다.

일제강점기에는 아내를 취하고 고기를 먹는 것[娶妻肉食]으로 상징되는 왜색불교가 만연했는데 성주사도 예외가 아니었다. 1947년에 '봉암결사'를 계기로 불교정화운동이 시행되었고, 한국전쟁 때인 1951년 8월에는 비구니 인홍(仁弘)·묘엄(妙嚴) 등의 주도로 '성주사 결사'가 마련되기도 하였다. 이로 말미암아 1952년에는 성철·법전(法傳)·일타(日陀) 등이 성주사에서 동안거를 보내면서 힘을 보태기도 하였다. 1955년에는 고암(古庵)이 주지를 맡으면서 사세는 더욱 확장되어 비구니총림의 설치를 도모하기도 하였다.

2009년에는 대웅전의 석가모니불상을 개금할 때 복장유물이 발견되어 그 동안 미로에 빠졌던 성주사의 사적을 밝히는데 중요한 자료가 되고 있다.

2. 불모(佛母)의 품속에 안긴 곰절

성주사의 탐방의 약수터 앞쪽의 아래 주차장에서 시작한다. 주차장 옆의 축대 위에는 부도밭이 있는데, 일찍이 성주사에서 입적했던 금파 원혜(金坡園慧, 1773년 조성)의 부도를 포함해 4기가 모셔져 있다. 1천년이 넘는 성주사의 역사에 비하면 부도밭이 너무 초라하다는 생각을 감출 수 없다. 위쪽 길을 따라가면 성주사 중흥조 등암(藤巖)대종사 공덕비를 비롯한 사찰 변천과 관련한 4기의 비석이 있다.

수로왕과 허왕후가 마셨다는 어수각(御水閣)에서 목을 잠시 축이고 위쪽의 종각에 걸린 동종을 볼 수 있다. 1783년에 주조되고 1919년에 수리된 것이다. 종을 걸기 위해 두 마리의 용으로 용뉴를 만들었지만 종을 칠 수 있는 당좌(撞座)나 한국 동종의 특징인 음통(音筒)은 갖춰지지 않았다. 종각 뒤로는 연화지가 조성되어 있고, 위쪽으로는 근래에 진신사리 2과를 봉안한 화강암 재질의 5층 석탑이 있다.

석탑 옆으로 난 돌계단을 통해서 경내로 들어간다. 계단은 총 5단으로 만들었으며, 각 단마다 3-4-6-8-12개의 층을 놓아서 총 33층으로 이루어져 있다. 이 숫자들에는 3학, 4성제, 6바라밀, 8정도, 12연기라는 불교의 기본교리가 잘 스며들어 있다. 계단의 끝자락에는 다른 사찰에서 찾아 볼 수 없는 활짝 웃는 돼지조각상이 있다. 성주사는 풍수지리상으로 제비집의 형국[燕巢穴]인데 앞산이 뱀의 형상을 하고 있어 가람을 보호하기 위해 상극인 돼지상을 조성하였다고 한다.

| 5단의 33계단

성주사의 가람은 대웅전 방향의 공간과 지장전 방향의 공간으로 나눌 수 있다. 대웅전 쪽의 마당은 입구의 마하루(摩訶樓), 정면의 대웅전·영산전·삼성각, 왼쪽의 안심료(安心寮), 오른쪽의 설법전으로 둘러 싸여 'ㅁ'자형을 이룬다. 마하루는 포교를 위한 템플스테이를 할 때 사용하는 것으로, 정면에는 불모루(佛母樓)라는 편액이 걸려있다. 왼쪽의 'ㄴ'자형 당우에는 안심료와 염화실이란 편액이 각각 걸려 있는데, 신도와 승려가 함께 사용하는 공간이다. 마당의 끝자락에는 12~13세기에 조성된 3층 석탑과 배례석이 있다. 석탑은 원래는 저수지 부근의 절 입구에 있던 것을 1921년에 현재의 위치로 옮겨왔다고 한다.

축대 위에는 맞배지붕의 대웅전(정면 3칸 측면 3칸)이 앉아 있다. 이것은 1655년에 중건되고 1817년(순조 17)에 다시 수리되었다. 정면의 '대웅전'이란 편액은 대구 동화사의 기성(箕城)이 적었던 편액을 번각(飜刻)한 것이고, 뒤편의 '적멸루(寂滅樓)'란 편액은 1969년에 김찬균(金瓚均)의 글씨이다. 외벽에는 참선하는 곰, 불 때는 곰, 신장상 등이 그려져 있다. 내부에는 1655년에 목조로 조성한 석가모니불·아미타불·약사여래불인 삼존불상이 봉안되었다. 오른쪽 벽에는 낭혜화상 무염, 서봉당 의정(棲峯堂義定) 등의 진영이 있다. 불단 뒤편으로는 1892년 찬훈이 봉안한 신중탱이 있다.

대웅전 왼쪽에는 맞배지붕의 삼성각(정면 3칸)이 있는데 단청은 흐르는 세월을 거슬러 오른 것 같이 빛을 바래 고졸한 느낌을 준다. 내부에는 보타전 수리와 관련한 2개의 기문(記文)

과 포암당 대총(抱巖堂大聰)의 진영이 있다. 대웅전 오른쪽에는
1930년에 중수된 맞배지붕의 영산전(정면 3칸 측면 3칸)이 있다.
내부에는 1681년에 석재로 조성한 석가모니불을 주존으로,
좌우에 미륵보살·제화갈라보살을 협시로 봉안하고 있다.

| 마하루에서 바라본 대웅전

 설법전을 뒤로하고 왼쪽의 2층 원주실 앞으로 넓은 앞마
당을 가진 팔작지붕의 지장전(정면 5칸 측면 3칸)이 낮은 축대
위에 앉아 있다. 지붕을 받치기 위해 사방에 활주가 있고,
활주의 받침돌에는 도깨비 문양이 새겨져 있다. 내부에는
1681년에 상문이 봉안한 지장보살상·시왕상 등과 1729
년 인행(印行)이 제작한 감로왕탱(205×274cm)이 모셔져 있다.
또한, 지장전 앞마당에는 팔각 석등이 있다. 하지만 지장전
과 비례가 맞지 않을 뿐 아니라 석등 지붕돌에 천사같은 조
각이 있어 불교와 어울리지 않는 어색한 분위기를 자아낸

다. 원래 지장전은 1940년에 대웅전 옆에 명부전으로 건립
되었지만 2005년에 현재 위치에 중건되었다.

| 멀리 불모산과 그 아래 지장전

　지장전 뒤쪽의 높은 축대 위에는 2010년에 건립된 관음
전(정면 3칸)이 있다. 내부에는 고려시대 것으로 추정되는 석
조 관음보살입상이 있다. 하나의 화강암 덩이에 불상과 광
배가 함께 갖추어져 있는 이 조상은 『천수경』에 나오는 '준
제관음'으로 알려져 있다. 상체에 비해 하체가 간략히 표현
되어 있으며, 전체적으로 입체감이 떨어지는 편이다. 원래
는 땅속에 매몰되어 있었는데 용화전을 건립할 때 찾아낸 것
이다. 1970년에는 도난을 당해 부산항까지 갔다가 다행히
본래의 자리로 돌아왔다.

　관음전 뒤편으로 오르는 길이 있지만 출입이 통제되는 곳
으로 응진암이 있다. 관음전에서 종각 쪽으로 내려오면 왼

쪽에 템플스테이 할 때 사용했던 정와당이 있고, 아래쪽으로 난 길을 내려오면 요천루(樂川樓)가 있다. '요천'이란 이름은 1859년에 창원지역의 문인들이 용화암 앞의 계곡에 모여서 '요천시사(樂川詩社)'를 결성한 것에서 유래하는 것 같다. 성주사 계곡은 창원에서 최고의 풍광을 자랑하는 곳으로, 일찍부터 문인을 비롯한 지역민들이 즐겨 찾던 문화공간이었다.

3. 창건주 무염국사의 발자취는 어디에 ……

성주사에는 창건주 무염(800~888)에 대한 자료는 전하지 않는다. 하지만 충남 보령의 성주사지에는 최치원이 찬술했던 사산비명 가운데 하나인 「낭혜화상 탑비(朗慧和尙塔碑)」가 남아 있어 그의 생애를 재구성해 볼 수 있다.

무염은 태종무열왕의 8대손으로 진골(眞骨)이었지만 부친 김범청(金範淸) 때에 6두품으로 강등되었다. 13세 때인 812년에 부모의 허락을 얻어 설악산의 오색석사(五色石寺)에서 출가하여 도당(渡唐) 유학승이었던 법성(法性)에게 선을 배웠고, 부석사의 석징(釋澄)에게 화엄을 수학하였다. 일찍이 도량(道亮)과 함께 입당을 시도했지만 배가 난파되어 지금의 흑산도에서 돌아올 수밖에 없었다.

822년에 왕자 흔(昕)을 따라 입당하여 장안 종남산의 지상사에서 화엄학을 배웠지만 만족하지 못하였다. 그래서 마조(馬祖)의 문하였던 불광사(佛光寺)의 여만(如滿)과 마곡사(麻谷寺)의 보철(寶徹)에게 차례로 선을 배웠다. 당나라에서 23년

간 수행하면서 '동방의 대보살'로 칭송받다가 845년에 회창
법란(會昌法亂)을 만나서야 비로소 신라로 귀국하게 된다. 그
는 중국 선종의 초조인 보리달마의 10대 법손으로, 자신의
뛰어난 수행, 왕실과 밀접한 교류로 불교를 널리 펼칠 수 있
었다. 그 결과 이름을 얻은 제자만도 2,000여명이나 되었
다. 따라서 최치원은 비문에서 "마조도일이 용의 새끼를 길
렀고, 동해[新羅]가 서하[중국]를 능가한다"고 평가하였다.

무염은 귀국 후에 경주에 머물지 않고 왕자 흔(昕)의 요청
으로 대중(大中)초에 웅천주(熊川州)의 서남쪽에 머물며 소실
되었던 절을 중흥하고 널리 도를 행하였다. 문성왕은 그의
덕을 기리며 '성주(聖住)'라는 사액(寺額)을 내리고 대흥륜사(大
興輪寺)에 사적(寺籍)을 편입시켰다고 전한다. 그가 귀국하여
머물렀다는 '웅천주'는 현재의 공주지역을 말한다. 당시 창
원지역은 강주(康州)에 예속되어 있었다. 현재 창원시에 '웅
천'이란 지명이 있지만 이것은 1425년(문종 2)에 생겨난 것이
다. 이곳은 신라시대에 웅지현(熊只縣)이었다가 757년(경덕왕
15)에는 웅신현(熊神縣)으로 개편되어 의안군의 속현이 되었
다. 마치 신라시대의 지명과 조선이후의 지명이 동일한 것
처럼 사용하고 있다. 또한 고려 원종 때 법상종의 미수(彌授)
가 머물렀던 웅신사(熊神寺)를 조선 태종 7년에 화엄종 대표
사찰인 의창의 웅신사와 동일한 사찰로 보고 있다. 그 결과
보령 성주사 사적과 창원 웅신사의 사적은 섞여 버렸고, 창
원 성주사의 사적을 파악하는데 많은 어려움이 있다.

하지만 무염이 보령에서 성주산문을 개창했다고 할지라도

그가 창원지역에 오지 않았다고 단정할 수는 없다. 종교의 목표는 사람들을 널리 교화하는데 있다. 따라서 845년에 귀국하여 888년 입적할 때까지 40여년을 활동했던 그에게 전국을 운수행각(雲水行脚)할 시간은 충분하였다. 그 중에 언제 창원지역에 들러 성주사를 창건했는지는 좀 더 살펴볼 필요가 있다.

🟥 마산 의림사

합포로 잘 알려진 마산에는 의림사라는 대표적인 전통사찰이 있다. 의림사가 깃들어 있는 계곡은 마산의 9경 가운데 한곳으로 풍광이 수려하고 여름의 가뭄에도 수량이 풍부한 곳이다. 일찍이 이곳에 자리한 의림사는 688년에 의상(혹은 爲雄이라고도 함)대사가 창건했다는 설과 고려의 보조국사가 창건했다는 설이 있다. 사명(寺名)에 대해서도 봉국사(奉國寺) 혹은 봉덕사(奉德寺)라고 전하지만 단언하기는 어렵다. 다만 경내에 9세기 양식을 취한 3층 석탑이 있는 것으로 보아 그 무렵에 가람이 존재했을 가능성은 있다.

의림사라는 사명은 대부분의 자료에서 임진왜란 때 의병이 숲처럼 모였다고 해서 개칭되어진 것이라 한다. 하지만 1530년에 편찬된 『신증동국여지승람』 권32 「진해현」 '불우'조에 이미 여항산에 '의림사'가 있었다고 한 것으로 보아 임진왜란 때 의병과 사명의 변경은 관련이 없는 것 같다.

조선 중후기에는 이곳에 수영(水營)이 있어 그들의 가혹한 수탈로 사세(寺勢)가 한 때 쇠퇴하기도 하였다. 하지만 1797년 진해현감의 명의로 「장용영공문(壯勇營公文)」이 반포되어 수탈이 금지되면서 점차 중흥의 기회를 맞게 되었다. 1799년에 편찬된 『범우고(梵宇攷)』를 비롯하여 『가람고』·『대령지(大嶺志)』 등에서도 의림사가 거론되고 있다. 현재 규장각에 보관되고 있는 영·정조대에 제작된 『의림사 도형(義林寺圖形)』에서는 법당을 포함한 여러 전각과 함께 산내 암자 7곳이 표기된 것으로 보아 조선후기에는 상당한 사세를 형성했던 것을 알 수 있다. 한국전쟁 당시 전화로 가람이 전소되었지만 이후 중창을 통해 오늘에 이르고 있다.

의림사의 탐방은 산문 앞쪽의 진입로에 있는 부도와 괘불대에서 시작된다. 왼쪽에는 작은 부도가 4기 있는데 그 중에 1기는 최근에 조성된 것이다. 그 오른쪽에는 작은 괘불대가 하나 있다. 여기서부터 진입로를 따라 벚나무 가로수가 조성되어져 있어 봄날의 꽃터널이 장관일 것 같다. 다리를 건너기 전에 아직은 완성되지 않은 팔작지붕(정면 3칸 측면 1칸)의 전각이 있다. 3칸에 기둥이 8개인 것으로 보아 아마 천왕문을 만들기 위한 것 같다.

의림사 계곡을 가로지르는 다리를 건너면 넓은 공터가 나타난다. 가람은 전체적으로 높은 축대를 쌓아 정지 작업을 한 후에 각 당우를 배치하였다. 경내로 들어서는 계단의 왼쪽으로는 누문형식의 팔작지붕인 종무소(정면 5칸 측면

4칸)가 있고 2층의 처마 밑에는 여항산 의림사(艅航山義林寺)라는 사액이 걸려 있다. 그 옆으로는 늘씬한 화강암 다리를 가진 누각식 팔작지붕의 범종루가 있고, 사물이 갖추어져 있다.

| 마산 의림사의 전경

계단을 올라서면 정면으로 마당의 끝자락에는 통일신라 후기의 간결함을 지닌 3층 석탑(3m)이 있다. 2중의 기단에, 3층의 몸돌을 가지고 있으며, 지붕돌받침은 4단으로 되어 있다. 석탑의 지붕돌은 많이 훼손되어져 있지만 노반과 보주는 잘 보존되어져 있다. 석탑의 오른쪽에는 야외법회 때 사용하는 작은 괘불대를 비롯한 부도·석등 등의 부재가 쌓여 있었다.

석탑의 뒤쪽 자연석 축대 위에는 팔작지붕의 염불전과 맞배지붕의 나한전이 앉아 있다. 염불전은 단청을 하지 않았고, 나한전은 중수하는 과정에서 목재를 재활용한 탓인지 단청된 부분과 되지 않은 부분이 뒤섞여 있었다. 하지만 전체적으로 전각은 단정하면서도 수수한 느낌을 자아내었다. 염불전(정면 3칸 측면 1칸)은 1960년대에 중건된 것으로, 내부에는 금동의 관세음보살이 봉안되어 있다. 비슷한 시기에 지어진 나한전(정면 3칸 측면 2칸)의 내부에는 석가삼존불과 500나한이 봉안되어 있다.

| 염불전과 3층 석탑

계단의 왼쪽으로는 1997년에 중건된 팔작지붕의 대웅전(정면 5칸 측면 3칸)
이 화강암으로 쌓아 올린 축대 위에 당당히 서 있다. 대웅전의 앞쪽에는 포대
화상의 조각상이 있고, 옆쪽으로는 관세음보살 입상이 있어 부조화를 나타내
었다. 대웅전의 외벽에는 석가모니의 일생을 30여 편의 벽화로 그려 쉽게 설
명하고 있었다. 내부에는 최근에 조성된 석가불을 중심으로, 관음·지장을 협
시보살로 하는 삼존상이 봉안되어 있다.

나한전의 뒤쪽에는 맞배지붕을 한 삼성각이 있다. 그 옆에는 수령이 250여년
되는 모과나무(도지정기념물 77호)가 있어 의림사의 무게감을 더해주고 있다.

진해 성흥사

해군의 요람, 군항으로 잘 알려진 진해에는 성흥사(聖興寺)가 있다. 이곳은 불모산(일명 八判山)의 대장동(大壯洞) 자락에 자리한 진해의 대표적인 전통사찰이다. 성흥사의 창건주는 창원의 성주사 창건주였던 무염(無染)국사라고 전하는데, 창건설화 역시 비슷하다. 「대웅전 중수기」에는 무염이 왕명을 받들어 왜구를 격퇴하자 구천동 관남리(九川洞 官南里)에 성흥사를 건립하고 토지 360결과 노비 100호를 하사해 주었다고 한다. 이후에 장화상이 이곳을 중건하였다고 전한다. 하지만 조선시대 이전의 연혁은 창건주 무염이나 중건주 장유화상에 대한 내용에서 알 수 있는 것처럼 사실과 어긋나는 부분이 많이 있었다.

임진왜란 이후인 1668년(현종 9)에 대장리로 이건했다가, 1713년(숙종 39)에 위쪽으로 다시 이건했다가, 1789년(정조 13)에 현재 자리로 이전하였다는 내용은 어느 정도 신빙성이 있다. 현재 성흥사 인근의 주차장 옆에 조성되어져 있는 부도들이 이 같은 사실을 증명해 준다.

성흥사 계곡은 풍광이 수려하고 가뭄에도 수량(水量)이 풍부하여 여름철에 진해 사람들이 즐겨 찾는 명소이다. 성흥사의 탐방은 아래 주차장에서 시작된다. 주차장 인근에는 성흥사와 인연이 있는 승려의 부도가 8기 조성되어 있다. 그 중에 금파당 혜원(金坡堂 圓慧), 송악당 명영(松嶽堂 明瑩) 등 5기의 부도는 희미하지만 명문이 있어 주인을 알 수 있다. 이것은 대부분이 조선후기의 것으로, 사찰이 이건될 때 함께 이건된 것이다. 천왕문 밖에는 근래에 조성된 7층탑이 서 있다.

천왕문에는 '불모산 성흥사'라는 사액이 걸려 있고, 내부에는 사람 키보다 조금 더 큰 사천왕상이 조성되어 있다. 천왕문을 들어서면 잘 정리된 마당을 중심으로 양쪽에는 요사채가 있고, 축대를 올라서면 정면에는 맞배지붕의 대웅전(정면 측면 3칸, 지방유형문화재 152호)이 자리한다. 정확한 건립 연대는 알 수 없지만 구천동에 있던 옛 전각을 이건한 것이라 전한다. 내부에는 조선후기의 석가삼존불이 봉안되어 있다. 또한 1890년(고종 27)에 조성된 창건주 무염국사의 진영이 봉안되어져 있다.

| 진해 성흥사 대웅전

대웅전 왼쪽으로는 조선후기에 건립된 팔작지붕의 나한전(정면 3칸 측면 2칸)
이 있다. 내부에는 17~18세기에 조성된 것으로 추정되는 금동의 석가불을
중심으로, 문수·보현이 협시보살로 봉안되어 있다. 왼쪽 담장 넘어는 수령이
230여년 되어 보호수로 지정된 느티나무가 있다. 대웅전의 오른쪽에는 팔작
지붕의 범종각이 있는데 1층에는 범종이, 2층에는 법고가 걸려 있다. 그 뒤쪽
으로는 삼성각이 있다.

성흥사는 전체적으로 조경이 잘 되어 있고, 담장 밖으로는 편백나무 숲과 녹차
밭이 조성되어져 있어 아담하면서도 고즈넉한 분위기를 연출하고 있다. 성흥
사의 탐방 후에 여유가 된다면 대장동의 입구에 현대문학가 김달진 문학관이
있으니 함께 둘러보는 것도 괜찮을 것이다.

8

불신이 상주하는 불보종찰,
영축산 통도사

영축산의 통도사는 양산 8경 가운데 제1경으로 자장율사(慈藏律師)가 석가의 진신사리(眞身舍利)를 봉안하기 위해 창건한 곳이다. 독수리가 날개를 펼치고 앉은 듯한 산세(山勢) 속에 통도사가 깃들어 있고, 수많은 전란과 역경 속에서도 금강계단(金剛戒壇)의 진신사리가 무탈하게 전해지고 있다니 그 영험함이 한층 더하는 것 같다. 그로 말미암아 통도사는 한국불교에 있어 계율의 근본도량으로 창건 이래로 1300여년 동안 불보종찰(佛寶宗刹)로서 위상을 굳건히 하고 있다.

1. 통도사는 어떻게 창건되고 변천되었나?

통도사는 신라 선덕여왕 때 입당구법(入唐求法)을 했던 자장이 문수보살의 예시(豫示)에 따라 창건했던 호국사찰이다. 그는 선덕여왕의 명을 받고 귀국할 때 석가의 진신사리를 비롯하여 금란가사(金襴袈裟 −금실로 격자 모양을 수놓은 가사), 400여 함의 대장경, 각종 불구 등을 가져 왔었다. 귀국 후에는 최고의 승관(僧官)인 대국통(大國統)을 맡게 되었고, 석가의 진신사리를 모시기 위하여 인도에서 석가가 상주하며 『법화경』을 설했다는 기사굴산(耆闍崛山, Gijjhakūṭa)과 유사한 곳을 찾아 삽량주(揷梁州)에 절을 지으니, 그곳이 영축산의 통도사이다. 이곳에는 3분(1/3)했던 석가의 진신사리를 봉안하기 위하여 2단의 금강계단이 조성되었고, 나아가 법신사리(法身舍利)라고 할 수 있는 대장경을 최초로 봉안했던 곳이기도 하였다. 「통도사 창창유서(通度寺創刱由緖)」에서는 대웅전·적멸궁·법당 등이 창건되었다고 한 것으로 보아 비교적 소규모의 사찰이었다고 짐작된다. 하지만 이후인 통일신라와 관련된 기록은 거의 전하지 않는다.

통도사의 모습을 확인할 수 있는 것은 왕실과 긴밀한 관계를 맺고 대중의 적극적인 동참 속에 점차 사세를 확장했던 고려 이후의 시기이다. 현존하는 봉발탑(奉鉢塔)을 포함한 대부분의 석조물은 선종시기(宣宗, 1083~1094)에 집중적으로 조성된 것이다. 특히 통도사의 사역(寺域)을 나타내는 국장생 석표(國長生石標)가 인근의 하북면 뿐 아니라 밀양시 무안면에 이르기까지 12곳에서나 건립되었다는 것으로 보아 당시 통도사의 사세가 얼마나 번성했는지 충분히 짐작할 수 있다. 충렬왕 때인 1305년에 불이문이, 충숙왕 때인 1337년에 천왕문이 창건되기도 했지만 공민왕 때인 1369년에는 극락보전을 비롯한 명부전·용화전·약사전 등의 전각이 건립되었다.

조선시대는 임진왜란 때 금강계단이 훼손되고 사리가 왜적에게 약탈되었는데, 그 때 대웅전을 비롯한 모든 전각이 소실되었다. 전란이 끝난 뒤인 1603년에 사명(四溟)대사가 중창 불사를 하였지만 대웅전은 물자의 부족으로 1644년에 가서야 우운(友雲)에 의해 중건되게 된다. 통도사의 쇠락함에 대해서는 조선중기 승려로 서산대사의 제자였던 정관 일선(靜觀 一禪, 1533~1609)의 시를 통해서도 짐작할 수 있다.

영축산의 통도사 이전 왕조에서 창건되어(鷲棲通度前朝創)
취 서 통 도 전 조 창
동방의 형승지가 바로 이 산이네(形勝東方卽此山)
형 승 동 방 즉 차 산

115

밤도 사람도 고요하여 스스로 즐거우나(自忻夜靜人還靜)
자 흔 야 정 인 환 정
다만 절도 승도 쇠잔해졌으니 한이로다(唯恨僧殘寺亦殘)
유 한 승 잔 사 역 잔
　　　　－ 일선, 『정관집(靜觀集)』「제통도사(題通度寺)」

　일선은 자장이 한반도의 절경인 영축산에 통도사를 창건
하고 승려들이 수도를 하였지만 임진왜란을 거치면서 사세
(寺勢)가 쇠락해진 것을 잘 묘사하고 있다.
　하지만 영조연간이 되면 대규모로 당우가 건립되고 불화
가 집중적으로 제작되었다. 영조의 즉위 직후인 1725년에
대광명전과 용화전이 중건되고, 관음전이 창건된 것을 시작
으로 해장보각 · 개산조당(1727년) · 응향각(1757년)이 창건되
고, 명부전(1760년) · 화엄전(1762년)이 중창되었다. 그 후로
도 고종시기인 1887년에 화재로 화엄전 · 원통방 · 명부전
등이 소실되기도 했지만 산내외 암자와 다른 사찰의 경제적
지원으로 그 이듬해부터 중창 불사를 할 수가 있었다.
　또한 통도사에는 영조시기에 조성된 불화가 많은데 1734
년의 영산전 영산회상도를 비롯하여 유일하게 이곳에만 있
다는 1736년의 오계수호신장도(五戒守護神將圖)가 있다.
1775년에도 약사전의 약사회도, 영산전의 팔상도 · 지장시
왕도, 응진전의 영산회상도 · 현왕도 등의 불화가 집중적으
로 조성되었다. 뿐만 아니라 19세기말에서 20세기 초에는
불교의 민중화를 반영이라도 하듯이 명부전 · 해장보각 · 용
화전 등의 곳곳에 다양한 민화가 그려지고 있다. 이런 불화

116

와 다양한 민화는 통도사를 찾는 불자들의 신심을 높이고 관
람객들에게 풍성한 볼거리를 제공해 주고 있다.

| 해장보각 외벽의 까치 호랑이

1972년에는 해인총림(1967년)과 조계총림(1969년)을 이어서
세 번째로 영축총림을 공식적으로 설립하여 보광선원·영축
율원·강원 등을 두었고, 본사 외에도 산내 암자 17곳에 주
요 법당 13개를 갖춘 한국불교의 종찰로 자리하고 있다.

2. 불신(佛身)이 상주하는 영축산

영축산은 석가가 『법화경』을 설했던 기사굴산을 번역한
것으로 중인도 마가다(摩迦陀, Magadha)국의 왕사성(王舍城)
동북쪽에 있다. 취두산(鷲頭山)으로 의역되는 것으로 보아 산
정의 모습이 독수리 머리와 비슷하여 붙여진 이름이라 한
다. 『신증동국여지승람』에는 독수리가 깃들어 산다는 뜻으

117

로 취서산(鷲棲山)이라 표기 했지만 흥선대원군이 적었다는 일주문 현판에는 '영축산 통도사(靈鷲山通度寺)'라고 적혀 있다. 이것은 불교와 관련지어 영적(靈的)인 분위기를 고조시키기 위해서는 취서산보다는 영축산이 더 적합했기 때문이 아닐까 생각된다.

그 속에 깃든 통도사의 이름에 대해서는, 산세가 인도 영축산과 통한다[此山之形通於印度靈鷲山形]는 설, 승려는 모두 금강계단에서 득도하여야 한다[爲僧者通而度之]는 설, 모든 법에 회통하여 중생을 제도한다[通諸萬法 度濟衆生]는 설이 있지만 3가지 모두가 불보(佛寶)를 통해 중생을 제도한다는 의미를 잘 내포하고 있다. 이곳은 삼재(三災, 물·바람·불의 재앙)가 침범하지 못하고, 천신들이 옹호하여 영원히 멸하지 않는 불국토라는 예시를 받은 곳이다.

| 통도사 무풍한송로

통도사의 매표소를 지나면 넓은 계곡을 품고 양쪽으로 하늘 높이 솟은 울창한 소나무 숲[舞風寒松路]이 산속으로 한참 펼쳐져 있다. 또한 길가 곳곳에는 고승 대덕이나 불경의 구절을 새긴 시비(詩碑)가 있어 탐방객의 발길을 잠시 쉬게 해준다. 이 길은 무더운 여름에 시원한 물소리·새소리를 들으며 걸으면 제격일 것 같다. 조선 중기의 문인이었던 이안눌(李安訥)도 통도사의 정경을 아래와 같이 노래하였다.

푸른 산봉우리 하늘에 솟아 바위 골짝 깊은데(碧巘鏡天石洞深)
푸른 절벽 오솔길이 숲 속으로 들어가네(緣崖細逕入叢林)
……
흰 구름 그윽한 골짜기 문을 깊숙이 닫고(白雲深鎖洞門幽)
소나무 그늘 속에 푸른 물 흐르는 소리(松桂陰中響碧流)
　　　　　　　　　　　　　　－ 이안눌(李安訥) 시

20세기 초반, 통도사에 주석한 이래로 한국불교를 이끌었던 구하당 천보(九河堂天輔)도 일찍이 통도사의 8경 중에 제1경인 '무풍한송로'를 아래와 같이 노래하였다.

맑은 바람 눈 서리 속에 거의 겁의 세월을 지나니
(清風霜雪幾經劫)
개울가 흐르는 수석 사이로 우뚝 높이 솟아 있네
(特立溪邊水石間)
여의봉 앞에 오가는 길목인 무풍교에(如意棒前來去路)
가을 구름 일 없이 간간히 돌아오네(秋雲無事有時還)
　　　　　　　　　　　－통도사 8경 중의 '무풍한송로'－

총림으로 들어가는 길목의 푸른 소나무에, 푸른 물은 소음과 공해로 찌든 현대인들에게 심적 여유를 제공하기에 충분할 것이다. 한송로가 끝나고 하마비를 지나면 통도사 부도원(浮屠院)이 나온다. 이곳은 1993년에 방장인 월하(月下)의 지시로 주변에 흩어져 있던 통도사 역대 고승들의 사리탑 60여기와 탑비·중수비·공덕비 50여기를 한 곳에 모아 놓은 것이다. 부도원을 사찰의 입구에 배치하여 드러내고자 하는 것이나, 조선후기 이전에 비해서 근현대 승려의 탑비가 훨씬 거대하게 조성한 것 등을 보니 왠지 쓸쓸한 마음이 들었다.

| 통도사 부도원

보도원을 지나면 성보박물관에 이른다. 이곳은 한국 최초의 사찰 박물관으로 불교회화를 비롯한 고문서·서화류·목조 공예품 등을 소장하고 있으며, 국내외 불교 유물과 관련한 다양한 전시회를 개최하고 있다. 특히 중앙의 괘불전(掛

佛殿)은 12m 이상의 대형 괘불을 6개월 마다 교체 전시하고 있어 뜻하지 않은 눈의 호사를 누릴 수 있다. 2015년 1월 현재는 '제 31회 영천 은해사 괘불탱화(보물 1270호)'를 전시하고 있다. 하지만 박물관 앞에는 여러 가지 석조물이 진열되어 있는데, 그 가운데 중국에서 미륵보살의 화신으로 알려져 있는 포대(布袋, 본명 契此)화상의 조각상이 있어 어쩐지 한국적 정서와는 어울리지 않는 느낌을 주었다.

통도사의 본사는 냇물을 따라 구릉 위에 동서로 길게 늘어선 축선을 따라, 서쪽으로부터 대웅전 중심의 상로전(上爐殿), 대광명전 중심의 중로전(中爐殿), 영산전 중심의 하로전(下爐殿)이 배치된 독특한 가람 형식을 취하고 있다. 또한 일주문에서 천왕문까지, 다시 불이문을 잇는 중심축선이 활처럼 휘어져 있어 절집의 깊이를 더해주고 있다. 이와 같은 가람배치는 창건 당시부터 의도된 것은 아니고 고려와 조선시대에 수차례 중창되면서 자연스럽게 이루어진 결과이다.

흥선대원군의 글씨로 유명한 '영축산 통도사'란 현판 아래를 지나면 천왕문에 이르는데, 여기가 하로전의 영역이다. 이 일대의 건물군은 통도사 전체의 가람배치에서 가장 짜임새 있는 곳으로 알려져 있다. 사천왕상이 안치된 천왕문을 들어서면 마당의 가운데 3층탑(보물 1471호)이 있고, 이것을 중심으로 'ㅁ'자형으로 영산전 · 극락보전 · 약사전 · 만세루 · 범종루 · 가람각 등이 에워싸고 있다. 이 가운데 1704년에 중건되었다는 영산전은 현재 통도사에서 가장 오래된 건물로, 단청의 문양이나 색상도 거의 원형을 유지하고 있다. 특히 『법화경』의 내용을 기반으로 한 영산전 내의 9층 다보탑 벽화는 밝고 화사하면서도 장엄한 분위기를 자아낸다. 이곳은 석가모니불을 모시는 곳으로 1734년에 제작된 영산회상도가 후불탱화로 걸려 있는데, 이것은 통도사에서 가장 오래된 불화이다. 또한 극락보전의 뒤쪽 외벽에는 많은 중생들을 싣고 극락으로 왕생하는 반야용선도가 있어 사람들의 신심을 더해 준다.

| 극락보전 뒷편 외벽의 반야용선도

불이문을 올라서면 중로전이 시작된다. 경내에서 가장 넓은 공간을 확보한 중로전은 대광명전을 포함하는 불보살 전각과 황화각(皇華閣)을 포함한 요사로 이루어져 있다. 중로전의 대광명전·용화전·관음전은 모두 1725년에 중창된 것으로 남북의 중심축 위에 배치되어 있다. 가운데 있는 용화전은 56억 7천만년 후에 도래한다는 미륵불을 모시는 곳으

로, 그 앞쪽의 '봉발탑(보물 471호)'과 잘 어울리게 배치되어 있다. 불교에서는 '발우'와 '가사'로 법의 전승을 상징하기 때문에 석가불의 법을 잇는 미륵불[龍華]전에 두는 것이 가장 적당하다. 금강계단 쪽에 있는 세존비각에는 1706년에 성능(性能)이 석가의 진신사리를 소장하게 된 내력과 임란시기의 역경을 기록했던 「사바교주 석가여래 영골 부도비(娑婆敎主釋迦如來靈骨浮圖碑)」가 세워져 있는데, 밀양의 표충비처럼 종종 땀을 흘린다고 한다. 그 뒤쪽으로는 까치 호랑이의 벽화를 가진 해장보각을 비롯하여 장경각·대광명전 등이 배치되어 있다.

상로전은 통도사의 핵심 공간으로 사리를 모신 금강계단과 참배공간인 대웅전이 중심이 된다. 대웅전 북쪽에 장방형의 금강계단은 자장율사가 모셔온 석가의 진신사리를 봉안하기 위해 조성된 것으로 알려져 있다. 이후 고려 선종 때 석종(石鐘) 모양의 부도가 조성되었다지만 고려 중후기가 되면서 통도사와 금강계단은 여러 차례의 수난을 겪으면서 훼손을 당하였다. 1235년 몽고의 3차 침입으로 황룡사가 불타자 고종의 명을 받은 상장군인 김이생(金利生) 등이 금강계단의 석종을 들어내어 사리를 참배하였다. 이것은 조성 이후 처음으로 세상에 공개된 것으로 600여 년을 비장(秘藏)해오던 사리의 영감(靈感)을 반감시켰을 뿐 아니라 외세의 침략으로 문화재가 훼손되었던 약소국의 비애를 잘 반영하고 있다. 1377년부터는 왜적이 통도사를 침입하여 진신사리를 약탈하려고 했지만 주지였던 월송(月松)에 의해 위기를 모면

하고, 1379년에는 보다 안전한 왕실의 원찰인 개성의 송림사(松林寺)에 봉안되었다.

| 통도사 금강계단

　조선의 태조는 사리를 자신의 수릉인 정릉의 원찰이었던 흥천사로 옮겨 봉안하였다. 태종은 명나라의 요구로 흥천사의 것을 포함해서 전국 사찰이 봉안하던 558과의 사리를 넘겨주었다. 임진왜란 때는 사명당이 통도사의 사리를 보호하기 위하여 금강산으로 이송을 했지만 결국에는 왜적에게 약탈당하였다. 전란이 끝난 1603년에 포로였던 거사 옥백(玉白)이 사리를 되찾아와 통도사의 금강계단에 다시 안치하였다. 이후에도 수차례 중수되었는데, 특히 1705년(숙종 31)의 중수로 현재의 문비(門扉)를 제외하면 거의 원형을 회복했다고 할 수 있다.

　참배공간인 대웅전에는 금강계단에 석가의 진신사리가 봉

안되어 있기 때문에 별도의 불상을 봉안하지 않는 대신에 금강계단을 향한 벽면을 개방해 두었다. 대웅전(정면 3칸 측면 5칸)은 창건 당시의 화려한 꽃무늬 기단 위에 웅장한 '정자형(丁字形)'의 겹치마 팔작지붕을 덮고 있다. 내외의 공포(栱包)와 천장의 형형색색의 꽃무늬, 격자빗살창의 갖가지 꽃무늬를 장식한 문짝은 대웅전의 화려함을 한층 더해주고 있다. 통도사의 대웅전은 해인사 대적광전과 마찬가지로 여러가지 편액이 걸려 있다. 북쪽에는 진신사리의 봉안을 의미하는 '적멸보궁', 동쪽에는 석가모니를 모신다는 '대웅전', 남쪽에는 깨어지지 않는 계율을 상징하는 '금강계단', 서쪽에는 영원한 진리를 상징하는 '대방광전'이란 편액이 그것이다.

대방광전의 편액 맞은편, 산령각 앞에는 작은 연못이 하나 있는데, 통도사 창건설화에 등장하는 '구룡지(九龍池)'이다. 자장은 당(唐)에 유학할 때 문수보살이 취서산의 독룡이 사는 곳에 사리와 가사를 봉안하면 삼재가 없어질 것이라 말한 것을 듣고, 귀국 후에 설법으로 그들을 회유하고 계단을 쌓으려 하였다. 자장에게 굴복하지 않았던 8마리의 용은 달아나고 1마리만 남아서 사찰을 지키는 수호신이 되었다고 전한다. 이와 관련하여 돌다리의 기둥에는 "하늘이 비밀의 세계를 감추어 놓았는데 자장이 얻었으니, 이것 역시 문수보살의 부촉에서 나온 것이다[天藏秘界慈藏得是亦文殊付囑來]"는 문구를 새겨 놓아 통도사의 창건이 문수보살의 부촉에 의한 것임을 강조하고 있다.

대웅전을 내려서면 앞마당 좌측에 기다란 직사각형(정면 5

칸 측면 2칸)의 명부전이 눈에 들어온다. 1369년 창건이래로 명부전은 소실과 복원이 반복되었는데, 죽은 사람의 극락왕생과 지옥에서 구원한다는 지장보살이 모셔져 있기 때문일 사찰에서는 반드시 필요한 전각이기 때문일 것이다. 죽은 사람들을 위한 공간이기 때문에 어둡고 음습함이 느껴질 수 있는 곳이지만 통도사의 명부전은 각 벽면에 꽃을 포함한 밝고 명랑한 분위기의 여러 가지 민화들로 이런 분위기를 상쇄해 내고 있다. 명부전의 바깥벽에는 조죽도(鳥竹圖)·노송도·삼고초려도 등이 있고, 안쪽벽에는 봉황도·지장보살도·별주부도(鼈主簿圖)·평사낙안도(平沙落雁圖)·가가유름도(家家有廩圖) 등이 그려져 있다. 벽화의 주제는 불교를 넘어 당시 사람들의 좋아했던 다양한 고사나 화조도 등을 포함하고 있어 사찰이 아닌 민화박물관에 있다는 착각이 들 정도이다.

| 명부전 내부 별주부전 벽화

3. 천년을 흐르는 수행자들

천년을 이어오는 통도사의 수행자라면 가장 먼저 개산조사(開山祖師)인 자장율사가 떠오른다. 신라 진골로 소판(蘇判)이었던 김무림(金茂林)이 천수관음 기도로 겨우 얻은 자식이 바로 자장[속명 善宗郞]이었다. 그는 국왕에게 중용될 수 있었지만 부모를 여의자 세속을 등지고 원녕사(元寧寺)를 창건하여 고골관(枯骨觀)을 닦았다.

636년 왕명을 받들어 승실(僧實) 등의 제자 10여명과 입당구법을 하게 된다. 그가 문수보살이 상주한다는 오대산(일명 청량산)의 문수보살상을 친견하자 그의 꿈속에 문수보살이 현신하여 "일체법은 자성이 없고 이와 같이 법성을 깨달아 훤히 알면 곧 노사나불을 보리라[了知一切法 自性無所有 如是解法性 卽見盧舍那]"하는 게송을 받았다고 한다. 또한 태화지(太和池)의 용신(龍神)은 여왕이 국왕인 나라에서 위엄을 보이려면 9층탑[皇龍寺]을 세우고 팔관회를 행해라고 하였다. 자장은 입당 후에 당 태종의 배려로 승광별원(勝光別院)에서 머물다가 보다 깊은 수행을 위하여 화엄종 초조였던 두순(杜順)과 남산율종의 개조인 도선(道宣)이 머물고 있던 장안의 종남산으로 들어갔다. 그곳에서 돈독한 수행으로 여러 가지 신이한 일을 경험했던 자장은 643년에 선덕여왕의 명을 받들어 구법을 중단하고 귀국을 하였다.

귀국 후에 분황사에 머물면서 왕실의 안위와 국력의 과시를 위하여 황룡사 9층탑을 세웠으며, 불교교단의 기강을 확립하기 위하여 구룡지를 메워 통도사를 창건하여 금강계단을 설치하였다. 특히, 그가 도선의 『사분율(四分律)』을 널리 베푼 이래로 고려 · 조선을 거쳐 현대에 이르기까지 한국불교계는 그 전통을 준수하고 있다. 이런 조치는 백성들의 교화를 가져와 민심의 화합을 도모할 수 있었고, 국력의 통일을 이루어 삼국통일의 기반을 조성하는데 일조하게 된다.

통도사는 천년 고찰이기 때문에 일제강점기를 거쳐 현대에 이르기까지 수많은 고승이 배출되었다. 구하 천보 (1872~1965)가 있는데 울주 출신이다. 13세(1884)에 천성산 내원사에서 경월(慶月)을 은사로 출가하였고, 1898년에는 성해(聖海)화상의 전법제자가 되었다. 인재양성을 위한 교육에 관심을 가지며 1906년부터 명신(明新)학교, 1916년에는 통도사학림 등 여러 학교를 설립하였고, 불교중앙학림(현재 동국대) 학장으로 후학의 양성에도 노력하였다. 대중을 향한 포교의 중요성을 인식하고 있던 그는 1911년 통도사 주지를 맡으면서 1군(郡) 1포교당의 원칙을 세워서 1912년부터 마산 정법사를 시작으로 경남 · 울산 · 부산지역에 여러 포교당을 열었다. 또한 통도사 · 해인사 · 범어사의 힘을 모아 해동역경원(海東譯經院)을 설립하여 어려운 한문 불전의 한글화에도 적극 노력하였다.

한편으로 1919년 11월에 상해에서 있었던 「대한불교연합회선어서」 발표에 김취산이란 가명을 사용하여 동참 하였다. 뿐만 아니라 주도적으로 통도사를 운영하면서 확보되었던 재정으로 상해 임시정부에 군자금을 지원하는 등 세속의 일에도 적극 동참하였다. 그는 문장과 글씨에도 뛰어나 우리가 통도사를 찾으면 '절멸보궁', '개산조당', '삼성각', '명부전의 주련', '응진전의 주련', '만세루 주련' 등에서 그의 체취를 느낄 수 있다.

또 한사람의 대표적인 고승은 '통도사 군자'라고 불리는 경봉 정석(鏡峰靜錫, 1892~1982)이다. 경남 밀양 출신인 그는 16세(1907)에 통도사의 성해화상을 따라 출가하여 91세로 극락암 삼소굴(三笑窟)에서 입적할 때까지 평생을 통도사에 머물며 수행정진하고 교화활동에 노력하였다. 1908년에는 스승의 권유로 통도사에서 설립한 명신학교에서 신식학문을 배웠고, 1911년에는 통도사불교전문강원에 입학하여 만해선사로부터 『화엄경』 등을 수학하였다. 그 후로 해인사, 직지사, 금강산 마하연 등으로 선지식을 찾아 수행하였다.

1917년에는 마산의 포교사로 내려와 불사와 포교에 노력하면서 위암 장지연과 교유하였고, 불교계 내부에서는 한암·용성·전강 등과 긴밀한 교류를 하였다. 1932년부터 통도사불교전문강원장, 통도사 주지, 극락호국선원 조실 등을 거치면서 평생토록 후학 양성에 노력하였다. 82세(1973)부터는 극락암에서 매월 정기법회를 개최하여 90세가 넘도록 대중교화를 지속하였다. 특히, 그는 불문(佛門)에서는 드물게 67년간(1909~1976세)의 수행일지[三笑窟日誌]를 남김으로써 근현대 한국불교사 연구에 소중한 자료를 제공하였다.

9

산자락 타고 오르는
달빛 속의 청곡사

진주(晉州)는 서부 경남의 길목, 혹은 중심지로 임진왜란 때 민관(民官)이 일치단결하여 왜군에 항거했던 곳이고, 남강 자락의 의암(義岩)에는 아직도 논개(論介)의 푸른 절개가 깃들어 있는 충절의 고장이다. 남강 건너 진주의 동쪽 외곽인 금산면에는 달빛이 산자락 타고 오르는 곳에 도선(道詵)국사가 창건했다는 청곡사(靑谷寺)가 있다. '월아(月牙)'라는 운치 있는 이름처럼 계곡과 울창한 숲이 잘 어우러진 이곳은 시민들에게 심신의 휴식처가 되고 있다. 또한 청곡사로 통하는 길목에는 1585년에 비보숲으로 인공 조성된 '갈전숲'과 그 입구의 '진주 항일투사 추모비'가 있어 잠시 둘러 볼 수도 있다.

1. 달빛 속에 일렁이는 청곡사

월아산(482m)은 달빛이 산자락을 타고 오른다고 하여 일명 '달음산(달오름산)'으로도 불린다. 산은 그리 높지 않지만 장군대산을 주봉으로 수려한 산세를 뽐내어 각지에서 많은 인파가 몰려들고 있다. 인근 북서쪽 초승달 모양의 금호지에 휘영청 밝은 달이 뜨면 월아산과 더욱 잘 어우러져 비경을 토해낸다. 일찍부터 문인들이 이곳을 찾아 노래했는데 퇴계선생도 직접 이곳에 들러 아래와 같은 감회를 남겼다.

저물녘 금산으로 가는 길에 비를 만났는데(琴山道上晚逢雨)
청곡사 앞에 솟는 샘물 차기도 하네(靑谷寺前寒瀉泉)
아, 이곳이 바로 눈밭의 기러기 발자국 자리이려니

(謂是雪泥泓瓜處)
위 시 설 니 홍 과 처
존망과 이합이 하나 되어 흐르는구나. (存亡離合一潸然)
존 망 이 합 일 산 연
                                    - 퇴계 이황, 「청곡사」

　　그 후로도 많은 문인들이 퇴계의 덕을 흠모하면서 청곡사
를 찾았고, 아름다운 풍광을 즐기면 퇴계의 시를 차운(次韻)
하여 작품을 남겼다. 이 아름다운 월아산 자락에 처음으로
가람이 들어선 것은 879년(헌강왕 5)에 도선에 의해서이다.
청곡사의 창건과 관련해서 아래와 같은 전설이 전한다. 도
선이 진주의 남강변에서 청학(靑鶴) 한 마리가 월아산 기슭으
로 날아드는 것을 보고 찾아가보니 상서로운 기운이 충만한
명당인지라 가람을 창건했단다. 창건설화 때문인지 청곡사
의 지세는 두 물줄기가 합류하는 연못 위에 학이 알을 품는
형상을 닮았다고 한다. 지금도 청곡사에는 학영지(鶴影池)·
방학교(訪鶴橋)·환학루(喚鶴樓) 등이 있어 창건설화를 뒷받침
해 준다.
　　창건 이후로 고려말까지 사세(寺勢)는 알 수 없고, 1380년
(우왕 6)에 실상 상총(實相尙聰)이 중수했다지만 그 역시 상세한
것은 전하지 않는다. 조선초기인 1397년에는 조정에서 태
조의 계비인 신덕(神德)왕후 강씨(康氏)의 명복을 빌기 위하여
그의 본향인 진주에 있던 청곡사를 원찰로 지정하였고, 상
총이 비보선찰(裨補禪刹)로 중창하면서 중흥의 기회를 마련하
게 되었다. 이 같은 사실은 당시에 만들어졌던 은입사 청동
향완에 새겨진 99자의 명문을 통해서 잘 알 수 있다. 여기

서 말하는 왕후 강씨는 이성계와 우물가 버들잎 사랑의 주인
공으로도 잘 알려져 있는 인물이다.

| 얼어붙은 청곡사 학영지

　임진왜란으로 당우가 소실되자 1602년(선조 35)에 계행(戒
行)과 극명(克明)이 중수하였고, 1613년(광해군 5)에는 중창
이 있었다. 1615년에는 극명이 규모가 비교적 큰 대웅전
의 석가삼존불을 조성하였고, 1661년(현종 2)에는 인화(印和)
가 업경전의 시왕상을 조성하였다. 1722년에는 의겸(義謙)
등에 의해 야외법회 때 사용하는 대형의 영산회상괘불탱(국
보 302호)이 조성되면서 사격(寺格)이 더욱 부각되었다. 비록
숭유억불이라는 당시의 국시(國是) 속에서도 청곡사에서는
불교의 명맥이 그대로 유지되고 있었던 것을 반영해 준다.
1750년(영조 26)에는 낭정(朗靜)이 불상과 명왕의 상을 개금
하고 「진양 동월아산 청곡사 불상개금 겸□개채기(晋陽東月牙

134

山靑谷寺佛像改金兼□改彩記)」를 찬술하여 사적을 간략히 정리
하였다.

| 월아산 청곡사 전경

　조선말이 되면 포우(浦宇)가 대대적으로 당우를 중수하여
현재의 골격을 갖추게 되었다. 또한 1899년(己亥)에는 청
곡사에서 『남명선생문집』을 중간(重刊)했는데, 조성호(趙性
昊)가 퇴계의 시를 차운(次韻)하여 작품을 남겼다. 이것은 당
시 청곡사가 조선후기의 억불정책 속에서도 남명의 문집을
간행할 정도로 뛰어난 판각 기술과 경제력을 보유하고 있었
고, 사대부 문인들이 즐겨 찾았던 서부경남 문화의 중심지
였다는 것을 말해 준다.

2. 학영지를 지나면 영산회상괘불탱이 드러나고

　청곡사 후문까지 차로도 갈수 있지만 신기소류지 위쪽 주

차장에서 오른쪽 오솔길로 걸어가는 것이 좋다. 주차장 가장자리에는 임진왜란 때 의병장으로 월아산 대장군봉에 목책을 세워 왜군에 대항했던 충장공 김덕령장군 전적비(忠壯公金德齡將軍戰蹟碑)가 있다. 그 외편으로는 거대한 자연석에 '월아산 청곡사 사적비'가 새겨져 있는데, 뒷면은 산쪽으로 너무 붙어 잡목에 가려서 보기가 불편할 뿐 아니라 글씨가 너무 작아서 무슨 내용인지 알 수가 없다. 사적비 옆에는 높이 50㎝정도의 조그만 문인상이 1구 있는데 무엇을 의미하는지 모르겠고, 혹시 이렇게 방치해 두면 분실되지 않을까 하는 우려도 되었다.

사적비를 뒤로 하고 오솔길을 올라가면 왼쪽으로 조그만 저수지가 나오는데 학영지이다. 물속에 커다란 나무가 있는 것이 마치 왕버드나무가 있는 청송 주산지의 축소판 같다는 생각이 든다. 저수지 언덕배기 위로 난 길목에는 최근에 '월아산 청곡사'라는 사액(寺額)을 매달은 일주문이 세워졌다. 앞으로 조금 더 나아가면 개울을 따라 근래에 조성된 널찍한 부도밭이 담장으로 경계 지워져 있다. 내부에는 조선후기 영파당(影波堂)의 것을 포함해서 6기의 부도, 검은색의 3층탑, 석등이 섞여 있지만 별다른 감흥을 주지 못 하였다.

방학교를 건너 커다란 느티나무 몇 그루 사이를 돌아 오르면 성파(星坡)가 적은 '월아산 청곡사'라는 편액을 단 천왕문이다. 천왕상이 없는 천왕문을 돌아 2층으로 된 누각의 문을 통해 대웅전이 있는 앞마당으로 올라간다. 계단을 올라 바로 돌아서면 2층의 처마 밑에는 환학루(정면 3칸 측면 3칸)라

는 편액이 걸려 있다. 현판의 관지(款識)에는 '숭정 기원후 4
병신(崇禎紀元後四丙申, 1836년)'이라고 적혀 있는 것을 보면 당
시 지식인들의 완고한 소(小)중화주의를 엿볼 수 있다. 예전
에는 환학루에 업경전이 있었지만 지금은 대웅전 오른편에
별도의 전각이 조성되어 이전되어졌다.

| 방학교에서 바라본 환학루

　환학루 왼편으로는 누각식에 팔작지붕의 범종각이 있어
사물이 갖추어져 있고, 그 옆에는 영산회상전이 있다. 환학
루 앞쪽으로는 잘 정리된 널찍한 마당을 사이에 두고 좌우로
종무소인 설선당(說禪堂)과 요사인 선불장(選佛場)이 있다. 마
당의 끝자락 축대 밑에는 야외법회 때 괘불을 내걸었던 괘불
대가 계단 양쪽으로 1쌍씩 서 있다. 괘불대 정상에는 사람
얼굴의 형상과 알 수 없는 동물상이 함께 조각되어 있다. 크
기가 작아서 탐방객들이 무심코 지나칠 수도 있지만 그 동안

의 풍상과 세파에 닳고 깨어져서 희미해진 모습은 보는 사람
들의 눈길을 잠시 잡아 둘 수 있을 것이다.

　돌을 잘라 쌓아 올린 축대 위에는 가람의 중심인 대웅전
이 앉아 있다. 팔작지붕의 웅장함이 지나쳐 축대가 오히려
낮아 보이는 부조화를 드러내는 것 같다. 1613년에 중건된
대웅전(정면 3칸 측면 2칸)은 사방에 활주를 두어 팔작지붕의 처
마가 처지는 것을 방지하면서도 웅장함을 더하였고 있다.
자연석 주춧돌 위의 배흘림 양식의 기둥에 다포를 사용함으
로써 더욱 화려하게 꾸미고 있다. 내부에는 1615년에 조성
된 것으로 추정되는 목조 석가여래삼존불(보물 1688호)이 봉안
되어 있다. 가운데 주불인 석가모니불좌상은 항마촉지인을
하고 있고, 좌우에는 문수보살과 보현보살 좌상이 협시하고
있다. 왼편의 출입문 쪽에는 나무로 조각된 조선후기 양식
의 제석천왕상과 대범천왕상(보물 1232호)이 봉안되어 있다.
그 동안 청곡사에서는 많은 문화재가 분실되었다. 다시 문
화재가 분실되는 것을 염려하여 진품은 영산회산전 성보박
물관에 보관 중이고 현재는 복제품을 봉안하고 있다. 제석
과 범천은 주로 탱화로 많이 그려졌기 때문에 조각상으로 이
루어진 것은 국내에서 청곡사의 것이 유일하다고 한다.

　대웅전 오른편에는 업경전(業鏡殿, 정면 3칸 측면 1칸)이란 편
액을 걸은 당우가 있다. 이곳은 다른 사찰에서는 명부전이
나 지장전으로 불린다. 내부에는 1657년에 조각된 목조 지
장보살삼존상 및 시왕상(보물 1689호)과 금강역사상 등 20여
가지 상이 모셔져 있다. 지장보살을 중심으로 좌우의 도명

138

존자와 무독귀왕을 합쳐서 지장보살삼존이라고 부르는데, 그들이 비록 죽음의 세계를 다스린다고 할지라도 전혀 음습함이나 두려움이 느껴지지 않는다. 또한 출입문 쪽에는 불교의 수호신으로 영원·통일 등을 상징하는 금강역사상이 통나무에 조각되어 있는데, 무서움보다는 친근감을 더해주는 조선시대 고종 때에 제작된 수작이다. 업경전의 오른쪽으로 승려들의 거주처인 응향전(凝香殿)이 'ㄱ'자형으로 앉아 있고, 2층의 축대를 올라서 칠성각(정면 3칸 측면 1칸)을 지나면 조선후기에 건립된 맞배지붕의 나한전(정면 3칸 측면 1칸)이 있다. 내부에는 조선중기 진묵 일옥(震黙一玉)이 조성했다는 백호분을 칠한 석가삼존상이 봉안되어 있는데, 좌우에 제화갈라와 미륵이 협시보살로 봉안되어 있다.

| 환학루에서 바라본 대웅전

　나한전의 오른편에는 고려시대에 조성된 3층 석탑이 숨겨

져 있다. 일반적으로 탑은 사찰의 금당 앞에 배치되는 것이 원칙이지만 청곡사는 풍수상으로 학이 알을 품는 지세라는 점을 감안하여 탑을 여기에 두었다. 알을 부화한 뒤에도 학이 계속 머물게 하기 위하여 먹이를 제공하는 곳으로 이곳에 탑을 세웠다고 한다. 석탑은 1938년에 1차 보수가 있었고, 1997년의 보수공사 때는 석불·사리함·금동불·청동불·사리 5과 등 300여점의 유물이 발견되었다.

다시 되돌아 나오면 대웅전 뒤편 언덕 위에는 맞배지붕의 전각(정면 3칸 측면 1칸)이 있다. 하나의 전각을 3등분하여 오른쪽에는 독성각이란 편액이, 중간에는 '할매산신각'이라는 특이한 편액이, 왼쪽에는 진영각이란 편액이 각각 걸려 있다. 특히 중간의 내부에는 다른 사찰과는 달리 지리산 신령을 형상화한 여인상이 봉안되어 있다. 전각의 앞쪽에는 합천 영암사지 쌍사자석등을 모방해서 최근에 만든 석등이 있는데 볼 만하다. 언덕을 내려오면 겨우 가지 몇 개만 남은 아름들이 둥치의 느티나무가 있고, 그 밑에는 적묵당으로 들어가는 무위문(無爲門)이 있다.

적묵당을 마주하는 곳에는 영산회상전(정면 5칸 측면 3칸)의 편액을 내걸은 성보박물관이 있는데, 2011년에 개관하여 청곡사의 문화재를 보관하고 있다. 처마 밑에는 청곡사를 창건했다는 도선국사가 학을 타고 비행하는 모형을 걸어 두었다. 이 박물관의 중요한 유물 가운데 하나가 1772년에 의겸 등이 제작했던 '영산회상괘불탱'이다. 18폭의 삼베를 엮어 만든 대형괘불(6.4×10.3m)로 야외에서 대형법회

가 열릴 때 내걸었던 것이
다. 괘불의 주요 내용은
문수 · 보현보살이 석가
모니불을 모시고 영취산
에 『법화경』을 설하기 위
하여 내려오는 모습이다.
뒤쪽으로는 관세음보살 ·
대세지보살과 가섭 · 아난
과 다보불과 아미타불을
각각 배치하고 있다. 괘
불이 대형이다 보니 지하
1층과 1층을 터서 괘불탱
을 전시하고 있으며, 그

| 청곡사 영산회 괘불탱

것을 보관했던 괘불함도 함께 보관되고 있다.

청동은입사 향완(높이 39㎝)은 1397년 청곡사가 신덕왕후
의 원찰로 지정될 때 제작되어 보광전(普光殿)에서 사용된 것
이다. 향완의 몸체에는 연당초문(蓮唐草文) · 운문(雲文) · 범자
(梵字) 등 다양한 문양으로 장식되어 있으며, 구연부 뒷면에
는 조성 연기 · 장소 · 시간 등을 알려주는 99자의 명문이 있
다. 일제강점기 때 수탈되어져 지금은 국립중앙박물관에 소
장되어 있다.

그 외에도 1681년에 청곡사에서 제작되었다는 명문이 있
는 청동 반자(직경 80㎝, 두께 12.8㎝, 무게 60㎏)나 1693년(강희
32)에 역시 청곡사에서 주조되어 법당 명경(明鏡)으로 사용

되었다는 명문이 있는 업경대 동경 등도 볼만 하다. 원래는 1790년에 조성된 동종도 있었으나 현재는 분실되어 그 소재를 알지 못하여 아쉬움을 더한다.

사찰을 답사하다 보면 잘못된 정보들이 버젓이 설명문으로 내걸린 경우가 종종 있는데, 청곡사 박물관도 마찬가지이다. 예를 들면, 청곡사에서 출토된 기와로 "불기 2260년 (강희 44년, 서기 1716)'이라고 설명하고 있다. 하지만 강희 44년은 1705년이다. 그 옆에 '을유 4월'이라는 명문이 확실히 나와 있지만 1716년으로 시기를 잘못 표시하고 있다. 문화재를 통해 자사(自寺)의 유구한 역사와 자긍심을 드높이는 것도 좋지만 정확한 정보가 바탕이 되어야만 유용할 것이다.

월아산에 깃든 청곡사, 그 아래 학영지는 운치 있는 곳으로, 신록이 짙어질 때 한번 더 찾아오고 싶다.

10

연화산 속에 맑은 샘물,
옥천사

중생대 백악기에 공룡이 살았던 곳으로, 가야시대에 소가야의 중심지로 유명한 고성에 가면 연화산(蓮花山)이 있다. 연꽃의 깨끗함으로도 알 수 있듯이 이곳에는 오랜 세월 끊이지 않고 맑고 시원한 감로(甘露)를 솟아내는 옥천(玉泉)이 있다. 고성지역에서 제일로 풍광이 수려한 곳으로, 그 속에는 푸른 노송(老松)으로 둘러싸인 옥천사(玉泉寺)가 있다. 이곳은 수행자가 머물기에 제격이라 신라시대부터 화엄십찰(華嚴十刹)로서 명성을 구가했던 곳이다.

1. 화엄십찰의 비슬산이 연화산으로

신라 의상대사(625~702)는 화엄종을 선교하기 위하여 각지에 전교십찰(傳敎十刹)을 지정했다는데, 그 가운데 양주 비슬산 옥천사(良州 毘瑟山 玉泉寺)가 바로 현재의 연화산 옥천사라고 한다. '비슬산'은 원래 '벼슬산'이었지만 한자로 표기되면서 불교적 의미가 가미되어 변경된 것이다. 인도의 비슬노천(毘瑟怒天)의 약칭인 비슬은 범어인 '비슈누(Viṣṇu)'를 음역한 것이다. 처음에는 '태양신'을 의미했지만 불교에서는 '세계의 창조자'로서 범천(梵天)의 모태로 발전하였다고 한다.

옥천사가 의상의 전교십찰이었다는 것은 실재적인 근거가 희박하다. 그럼에도 불구하고 그 후로도 계속 전승되어 1987년에 지어진 「연화산 옥천사 사적비」에서도 그대로 답습되고 있다. 화엄십찰로 잘 알려진 가야산 해인사도 의상이 입적하고 100여년이 지나서야 창건되었던 곳이다. 따라서 화엄십찰은 이왕에 알려졌던 것과 달리 의상이 모두를 창건했던 것은 아니며, 숫자도 반듯이 '십찰(十刹)' 혹은 '십이 찰(十二刹)'로 고정되는 것은 아니다. 아마 이 숫자는 당시 각 지역에는 의상의 화엄사상을 전승하는 사찰이 '상당히 많았 다'는 의미로 사용되었던 것 같다.

898년(효공왕 2)에는 구산선문 중의 한 곳인 봉림사(鳳林寺) 를 창건했던 진경(眞鏡)대사 심희(審希)가 낭림(郎林)선사와 함 께 당우를 중창했다고 전하지만 근거는 명확하지 않다. 어 떤 사람들은 하동 쌍계사의 '진감선사 대공탑비(眞鑑禪師大空 塔碑)'에 나오는 "이웃 산의 절도 옥천이라고 불렀는데"라는 문장의 옥천사가 현재 고성 연화산의 옥천사를 지칭하는 것 이라고 한다. 하지만 '쌍계'라는 사명(寺名)이 내려진 886년 은 심희의 나이 33세였다. 따라서 최소한 심희가 20대 후 반에 옥천사를 중창하여 중앙의 헌강왕이 알 수 있을 정도로 사세(寺勢)를 확장해야만 가능한 일이다. 하지만 사적비에서 는 898년에 최대 규모로 중창했다고 하니 12년의 시차가 생기게 된다.

고려시대인 964년(광종 15)에 혼응(混應)과 혜거(惠居)가 중 창하기 시작한 이래로 원오(圓悟)에 이르기까지 수차례의 중 창 불사가 있었다. 뿐만 아니라 묘응(妙應)은 예종시기에 여 기서 『천태지관』을 강설하였고, 사주(寺主)였던 보응은 재조 대장경이 조판(彫板)될 때 남해분사도감에서 교증(校證)을 맡 아 활약하기도 하였다.

조선전기의 현황은 잘 알려져 있지 않지만 임진왜란으로 가람이 전소하게 되자 승려들은 뿔뿔이 흩어졌다고 한다.

1639년(인조 17)에 운수승이던 학명(學明)이 대둔(大芚)에 유숙하다가 현몽으로 옛 절터를 발견하였다. 하지만 재력이 여의치 않아서 1644년이 되어서야 의오(義悟)와 중창 불사를 시작하였고, 사명도 '비슬산 옥천사'에서 '연화산 옥천사'로 변경하였다. 그 이유는 조선시대 억불정책과 일정한 관련이 있었던 것으로 산세가 연꽃이 반개(半開)한 형상이었기 때문에 그렇게 변경하였단다.

그 후로도 많은 어려움 속에서 여러 차례 중창되고 산내 암자도 건립되면서 사세는 더욱 확장 되었다. 그 결과 1743년(영조 19)에는 지역의 방위를 위한 승군(僧軍)의 주둔 사찰로 정해져 340명이 상주하는 호국사찰의 성격을 지니게 된다. 1764년경에는 요사 및 산내 암자가 12곳, 물방아가 12곳일 정도로 옥천사는 전승시기를 맞이한다. 당시 사찰 소유의 논이 800여 두락으로 소작농에게 받았던 도지가 1,000석이나 되었고, 산판은 560정보나 되어 산지기를 5~6명이나 두어 관리하였다고 전한다.

하지만 정조말년(1800)에 어람지 진상사찰(御覽紙進上寺刹)로 정해지면서 사세는 급속히 쇠퇴해 갔다. 1867년(고종 4)에는 승군도 137명으로, 1880년에는 불과 10여 명의 승녀만 남을 정도로 쇠퇴하여 군역을 감당하는 것조차 불가능 하였다. 이런 수탈은 지역의 양반들에 의해서도 이루어져 웃지 못할 일화를 남기기도 하였다. "옥천사에서 종이를 만드는데 모두가 함안조씨의 족보 종이로 들어가니 조금도 남은 힘이 없다네[玉泉寺造紙 盡入於咸安趙氏譜紙中 絶無餘力]"라는 문장을 한자음으로 읽으면 낯 뜨거울 정도로 상스러운 말이 된다.

　이런 어려움 속에서 농성(聾惺)이 1862년 불교에 우호적이던 통제사 신헌(申櫶)을 통해서 지역(紙役)을 면제 받으면서 중흥을 도모할 수 있게 된다. 1890년(고종 27)에는 왕실의 원찰이 되기도 했지만 갑오농민전쟁 때에 대웅전·팔상전 등의 사찰 중심부를 제외한 모든 당우가 불타 버렸다.

| 위당 신헌이 적은 자방루의 연화옥천 현판

　농성의 피나는 노력으로 사세는 다시 회복할 수 있게 되어서 옥천사는 일제강점기에도 여전히 부유한 사찰이었다. 그 결과 옥천사에서는 독자적으로 일본의 동양대학·용곡대학·동양고등사범 등에 15명을 유학 보낼 정도로 풍부한 재력을 보유하고 있었다. 일제가 1911년에 「사찰령」을 공포하여 서울에서 31본산을 정할 때 당시 주지였던 서응(瑞應)은 조선시대 '지역(紙役)'의 쓰라린 경험을 떠올려 옥천사가 본사가 되는 것을 완강하게 사양하였다. 그로 말미암아 옥

천사는 통도사의 말사가 되었다. 해방 후인 1950년 농지개혁 때는 사찰 내부 사정으로 800두락의 사찰 소유의 논이 소작농에게 넘어 가게 되었지만 고성군 개천면 등지의 4개 면에 있던 임야 565ha는 여전히 사찰림(寺刹林)으로 소유하였다. 현대에 들어와서는 한국불교정화운동을 주도했던 청담(靑潭)선사의 출가·득도 사찰로 유명세를 유지하고 있다.

2. 연꽃이 반개(半開)한 연화산의 옥천사

연화산에는 옥천사라는 천년 고찰이 깃들어 있는데 경내에 맑은 물이 샘솟는 옥천(玉泉)으로 말미암아 사명(寺名)을 얻었다고 한다. 보통 갈수기 때는 얕은 계곡의 물은 마르지만 범종각 뒤편의 작은 개울에는 항상 물이 흐르고 있다. 조선시대 박명직은 옥천사를 아래와 같이 노래하였다.

진리 찾아 큰 마음의 하늘 점차 들어가니(尋眞漸入泰心天)
심 진 점 입 태 심 천
한적한 곳 선경보다 좋은 곳에 이르렀다(到了舒閒不讓仙)
도 료 서 한 불 양 선
……

산을 돌아 흐르는 계곡 물은 멀리 벽에 걸려 있고
(環山谷澗遙懸壁)
환 산 곡 간 요 현 벽
온 산 가득 땅거미지면서 스스로 대자리 펼치는구나
(滿地濃陰自作筵)
만 지 농 음 자 작 연
그 중에 기이하고 **빼어난** 곳 알고 싶은가(慾識個中奇絶處)
욕 식 개 중 기 절 처
오목한 바위에 맑은 푸르름 옥을 품은 샘이라네
(石凹澄綠玉涵泉)
석 요 징 녹 옥 함 천

- 박명직(朴命稷),『전호집(前湖集)』권1「옥천사」-

148

옥천 저수지 옆 매표소를 돌아 일주문과 천왕문을 올라 극락교라는 작은 다리를 건너면 바로 자방루(慈芳樓, 정면 7칸 측면 2칸) 앞 주차장에 도착한다. 옥천사는 산비탈의 좁은 공간에 대웅전을 중심으로 아기자기하게 당우들이 배치된 전형적인 절충형의 가람양식을 취하고 있다. 하지만 큼직한 자방루가 그 앞을 가릴 뿐 아니라 각 전각들의 처마자락이 겹칠 것 같이 연이어 있어 외부와 단절된 것처럼 답답함을 주기도 한다. 자방루 앞의 넓은 마당은 승군(僧軍)을 조련하던 곳이라고 전한다.

| 자방루 전경

자방루는 1764년에 뇌원대사에 의해 창건된 것으로 주로 법회나 강연 등의 대중집회가 행해지던 곳이다. 앞쪽은 나무로 된 문짝을 달아 여닫게 하였지만 뒤쪽은 문이 없이 기둥만 있는 완전 개방식이다. 자방루 정면 중앙에는 해서체의 '옥천사'라는 사액 현판이 있는데 영조말에 경상감사였던

정수혁(鄭守赫)이 적은 것이다. 뒷면에는 추사의 수제자로 인정을 받았던 신헌(申櫶)이 적은 '연화옥천(蓮花玉泉)'이란 현판이 걸려 있다. 남쪽에는 영조 때에 대사헌을 지냈던 조명채(曹命采)가 적은 자방루란 현판이 있고, 그 내부에는 조선후기 옥천사의 역사를 알려주는 「법당 조성기(1654)」를 포함한 10여 점의 현판이 걸려 있다.

자방루 옆으로 연화산 옥천사란 현판을 단 좁은 문을 들어가면 정면에는 2층 축대 위에 대웅전(정면 3칸 측면 2칸)이 우뚝 서 있고, 마당을 중심으로 좌우에 1754년에 건립된 탐진당과 적묵당이 있다. 현재의 적묵당은 지장보살을 모시며 강학당으로, 탐진당은 종무소와 위패봉안소로 사용되고 있다. 대웅전 축대 밑에는 이전에 사용했던 당간 지주가 한 쌍 서 있고, 탐진당과 적묵당 앞에는 불교 집회 때 대형 괘불을 걸도록 하는 석물이 한 쌍 남아 있다. 현재 대웅전 내에는 1808년에 제작되어 옥천사에서 사용하였던 괘불(높이 9.99m, 가로 7.36m)이 보전되어 있고, 그 뒤편에는 괘불을 걸 때 사용하는 목재들이 남아 있다. '대웅전'의 현판은 동국진체풍의 대가인 기성(箕城)이 적은 대구 동화사 대웅전 현판을 모각한 것으로 당시의 대웅전 편액 중에 수작(秀作)에 속한다. 내부에는 경주 옥석으로 만들었다는 조선후기 양식의 석가삼존상이 있고, 근래에 후불탱화가 도둑맞아 새롭게 조성했다고 전한다. 지금도 1708년(숙종 34)에 주조한 작은 동종이 걸려 있는데 사중(寺中) 행사에서 사용되고 있다.

대웅전 왼편에 있는 현재의 명부전 자리에는 원래 궁선당

지(窮禪堂址)가 있었는데 1894년 갑오농민전쟁 때 불타 버리
자 명부전을 이전하였다고 한다. 1730년에 지었다는 명부
전의 내부에는 지장삼존을 포함한 명부권속의 형상이 모셔
져 있는데 모두 18세기의 수작이다. 오른편에는 팔상전·
옥천각·금당 등이 있다. 가운데 있는 옥천각(정면 1칸 측면 1
칸)은 다른 사찰에서는 보기 힘든 것으로 옥천사를 있게 한
옥샘을 보호하기 위해 지어진 것이다. 옥천에는 과욕을 경
계하기 위한 이야기가 전하고 있다. 매일 일정량의 공양미
에 만족하지 못하고 승려가 욕심을 부리자 공양미뿐 아니라
물까지도 말라버렸다. 후에 다른 승려가 회개하자 만병에
신통한 약물이 솟았다고 한다. 이 이야기는 과욕으로 인한
평상심의 상실과 지족(知足)이라는 교훈을 준다.

| 팔상전 뒷쪽 옥천각

   대웅전을 왼쪽으로 돌아 오르면 1897년(고종 34)에 지었다

는 맞배지붕의 독성각과 산령각이 깜찍한 자태를 드러낸다. 건물은 1평 정도로 너무 작다보니 맞배지붕에 올려 놓은 기와가 너무 무거워 힘겨워하지 않을까하는 걱정마저 들 지경이다. 주변의 지세를 고려하다 보니 작게 지을 수밖에 없어서 예불도 밖에서 드린다고 한다.

자방루 앞마당에서 보장각(寶藏閣)으로 나가는 길목의 오른쪽에는 일제의 영향으로 변질된 불교를 정화하는데 매진했던 청담의 사리탑과 탄허가 적었다는 탑비가 세워져 있다. 일반적으로 승려들의 사리탑은 절의 후미진 곳에 두는데 제자들이 스승을 드러낸다는 것이 오히려 공개적으로 욕보이는 것은 아닌지 모르겠다. 탑비의 귀부도 지나치게 생동감을 표현하려다 보니 조잡하다는 느낌을 감출 수 없어 눈살을 찌푸리게 한다.

본사의 마지막 탐방지로 성보박물관인 보장각을 둘러보는 것도 괜찮다. 이곳에는 '옥천사 임자명 반자(玉泉寺壬子銘飯子, 보물 495호)', '옥천사 동종(玉泉寺鐘銘)' 등을 포함한 다양한 유물이 전시되어 있다. 반자는 금고(金鼓)라고도 불리는 것으로 전통 악기인 징과 비슷한 모양으로 사내의 대중을 모으거나 응급을 알릴 때 사용하는 것이다. 옥천사의 반자는 1252년에 한중서(韓仲敍)가 고종의 환갑을 기념해서 만든 것으로, 신앙결사였던 하동의 지리산 안양사(安養社)에서 사용하던 것이다. 측면에는 187자의 명문이 4행으로 음각되어 있어 제작 시기 · 주체 · 발원자 등을 알 수 있다. 1776년(정조 1년)에 주조된 동종은 진주민란 때 깨어진 것을 수리한 흔적이 있다.

시간이 허락한다면 본사에 예속된 근처의 암자를 둘러보는 것도 좋다. 대표적인 암자로는 1678년(숙종 4)에 창건되었다는 백련암과 청련암이 있다. 백련암은 보장각 뒷편으로 200m쯤 되는 곳에 있는 것으로 묘욱(妙旭)이 창건한 이래로 거듭 중건되었다. 일제강점기 때는 덕운(德雲)이 선방을 개설하면서 1965

│ 청담 대종사 사리탑비

년까지 남방에서 유명세를 가지게 되었다. 청련암은 본사의 계곡 건너편에 있는 것으로, 1930년대에 대강사였던 서응이 오랫동안 주석하면서 '염불 만일회'를 수행했던 곳이다. 이곳에는 서봉(瑞峯)과 혜우(惠雨)의 방광탑이 있고, 호랑이굴과 황소바위 등도 있다. 뿐만 아니라 옥천사가 '어람지 진상사찰' 때 닥종이 제조 과정에서 사용했던 '무쇠솥'이 보존되어 있다.

3. 불교 정화의 주창자 청담(靑潭)선사

청담(1902~1971)은 경남 진주 출신으로 진주성 호국사에서 포명(抱明)을 통해 불교를 접하였다. 그는 일찍이 출가를 결심하고 해인사를 찾았지만 거절을 당했다. 진주농업학교에 재학하면서 결혼을 했었다. 졸업 후인 1926년에는 일본으로 건너가 유학을 하면서 병고현(兵庫縣) 송운사(松雲寺)에서 행자 생활을 병행하였다.

이듬해에 귀국하여 옥천사의 남규영(南圭榮)을 은사로 출가 득도하였다. 하지만 옥천사에서는 청담의 출가 은사로 일찍이 옥천사에 머물렀던 근대 한국불교의 3대 강백(講伯) 가운데 한 사람인 영호 정호(暎湖鼎鎬, 속명 박한영, 1870~1948)로 소개하고 있다. 그는 1926년에 이미 서울의 개운사에서 강원을 개설하여 후진을 양성하고 있어 청담의 출가 때는 옥천사에 주석하지 않았던 것 같다. 청담이 개운사의 대원불교 전문강원에서 영호에게 사사하고 1930년에 대교과를 졸업한 경력이 있기 때문에 그의 출가까지도 영호에게 소급하는 것은 아닌지 모르겠다. 그 후로 운수행각 과정에서 당대 최고의 선지식이었던 만공(滿空)에게 인가를 받았다.

청담이 한국 현대불교에서 차지하는 가장 큰 의의는 일제의 통치하에서 왜색불교에 물든 한국불교의 승단을 정화하고 정체성을 회복하고자 했다는 것이다. 이런 성향은 불교의 사회참여, 존엄성과 보호를 주장하며 불교 개혁을 주창한 영호의 영향으로 개운사에 재학할 때부터 학인대회를 결성했던 것에서 시작되고 있다. 그는 그 후로도 1941년 3월에는 안국동 선학원에서 만공·한암·동산 등 30여 명의 비구들이 '부처의 법대로 살자'는 취지로 개최했던 유교법회(遺教法會)에도 참여하였다.

해방 후인 1947년 가을에는 문경의 봉암사에서 "부처님 당시의 수행 가풍을 되살리자", "출가 수행자의 본분으로 돌아가자"는 결의로 '봉암결사'를 성립시키기도 하였다. 이 결

사는 자운 · 성철 · 우봉 등과 함께 시작하였고, 그 후로 42
명(비구 26명, 비구니 16명)으로 성장하였다. 이곳은 한국
선불교의 근간인 구산선문 가운데 희양산문의 종찰로 "하루
를 일하지 않으면 하루를 먹지 않는다[一日不作 一日不食]"는
취지로 18항목의 공주규약을 실천하였다. 하지만 1949년
부터 좌우 대립의 영향을 받게 되자 이듬해 3월에는 경남 고
성의 문수암으로 자리를 옮겨서 계속하여 수행하였다.

한국전쟁이 막 끝난 1954년에는 전국 비구승대회를 개최
하여 400여 명의 비구와 함께 단식투쟁으로 불교정화의 기
치를 다시 높이 들었다. 그는 불교의 정통성을 회복하고 현
대화를 이루기 위하여 후학의 양성, 불전의 한글화, 적극적
대중포교라는 구체적인 방안을 제시하기도 하였다. 그 후로
도 청담은 1950년대 말에는 조계종 총무원장 겸 해인사 주
지를 맡아 후학을 양성하는데 매진하기도 하였다. 불교계에
서는 비구 · 대처의 오랜 갈등 속에서 1966년이 되어서야
비로소 서로의 협의에 의해 통합종단이 출범하게 되었다.
같은 해 10월에 초대 종정이었던 효봉(曉峰)이 열반에 들게
되자 2대 종정으로 취임하여 여전히 불안한 불교계의 화합
을 도모하고자 하였다. 뿐만 아니라 지속적인 불교계의 혁
신과 시대 상황에 부합하는 포교를 위하여 조계총림을 개원
하고자 할 때 설립위원장으로 추대되기도 하였다.

청담이 일생을 바쳤던 승단 정화운동과 화합을 위한 실천
은 타락 · 분열 · 대립으로 치닫는 현재 한국 불교계에 '부처
의 법대로 살면' 모든 것이 해결된다는 진리를 말해준다.

11

화개동천(花開洞天) 쌍계사에
범패소리 천년을 흐르고

하동 쌍계사(雙磎寺)라고 하면 십리 벚꽃터널이나 화개천과 섬진강이 만나는 강변에서 5일마다 서는 화개장을 먼저 떠올린다. 물론 상춘객들에게 화려한 벚꽃도 왁자지껄한 장터도 볼거리지만 그 위쪽 삼신산(三神山, 여기서는 지리산)자락의 쌍계사는 한국불교 범패(梵唄)의 시원지이면서 녹차의 시배지로 유서 깊은 곳이다.

1. 육조(六祖)의 정상(頂相)이 봉안된 쌍계사

쌍계사는 의상대사의 제자인 삼법(三法)화상이 대비(大悲)화상과 함께 당나라 홍주 개원사(洪州 開元寺)에서 취했던 육조 혜능의 정상을 봉안하기 위하여 724년(신라 성덕왕 23)에 창건한 곳이다. 귀국 후에 영묘사(靈妙寺)에서 육조의 정상에 공양을 올리다가 꿈속에 "눈 속에 칡꽃이 핀 곳에 봉안해라"는 계시를 받고, 호랑이의 도움으로 이곳을 찾아 옥천사(玉泉寺)라는 조그만 암자를 세우고 수행을 닦았다고 전한다.

쌍계사가 제대로 된 가람의 면모를 갖추게 된 것은 840년 진감 혜소(眞鑑慧昭)가 중창 불사를 시작하면서이다. 그는 퇴락했던 화개의 절터에 옥천사를 중창하여 참선 수행과 더불어 본격적으로 범패를 널리 펼치자 정강왕(定康王, 886) 때에 "쌍계(雙溪)"라는 사명이 하사되었다. 850년에 혜소가 입적하자 887년에 진성여왕의 명으로 최치원이 '진감선사대공탑비(眞鑑禪師大空塔碑, 국보 제47호)'의 문장을 짓고 전서체의 제액(題額)과 비문을 적었으니, 이것이 유명한 '사산비명(四山

碑銘)' 중에 첫 번째 것이다. 여기에는 혜소의 입당구법의 여러 과정, 830년에 귀국한 이후 지리산 화개에서 선법과 범패를 널리 유포했던 사실 등을 전하고 있다.

고려·조선전기에 쌍계사와 관련한 문헌자료는 많지가 않지만 선비대사의 팔상전 중수(1446), 진주목사 한사개(韓士价)의 중수(1506), 혜수(惠修)의 대웅전 및 금당·방장의 중수(1543), 중섬(仲暹)의 비석 보호 조치(1549) 내용 등이 면면히 전하고 있다. 쌍계사는 임진왜란으로 폐허가 되자 1632년에 벽암(碧巖) 등이 협소한 옛터를 두고 현재 위치에 별도로 중창하여 오늘에 이르고 있다. 이때 대웅전·응진당·팔영루 등이 잇따라 복원되면서 진감선사대공탑비는 현재의 뜰한가운데 두게 되었다. 그 후로도 인계(印戒, 1675)·백암(栢庵, 1695)·법훈(法訓, 1735)을 거쳐 용담(龍潭) 등이 1864년에 육조정상탑전의 7층탑을 옮겨 세웠다.

| 대웅전을 비롯한 쌍계사 전경 일부

현재 쌍계사는 조계종 13교구 본사로 아자방으로 유명한 칠불암을 포함한 여러 암자와 서부경남의 하동·고성·남해·통영 등지에 말사를 거느리고 있다. 쌍계사에서 소장하며 관리하는 유물로는 국보 1점을 포함한 국가지정문화재 10점, 지방지정문화재 20점 등으로 총 30점이 있다.

2. 화개동천에 깃든 쌍계사

화개동천의 쌍계사를 찾아가는 것은 십리 벚꽃길에 꽃이 흐드러지게 피는 화창한 봄날이면 더욱 좋을 것이다. 조선 중기의 선승으로 20년 가까이 화개에 머물렀던 서산대사는 「지리산 쌍계사 중수기」에서 "아득한 저 멀리에 저녁노을 지고 호수 위로 홀로 선 산봉우리 반쯤 비치며, 흰 구름과 붉은 나무 사이로 한 쌍의 푸른 학이 한가로이 오가니, 이 또한 쌍계사의 뛰어난 경치로다"라고 절경을 묘사하였다. 이 아름다운 풍광은 그의 「쌍계방장(雙溪方丈)」이란 시에도 잘 드러난다.

앞뒤의 고개 마루에 흰 구름이 자욱하고(白雲前後嶺)
동서쪽 개울가에는 밝은 달빛이 일렁이네(明月東西溪)
승려는 꽃비 내리는데 앉아있고(僧坐落花雨)
나그네는 산새소리에 잠이 들었네(客眠山鳥啼)

　　　　　　　　　-휴정, 「쌍계방장(雙溪方丈)」-

휴정이 묘사한 화계동천은 우리 조상들이 이상향으로 여겼던 '청학동' 바로 그 모습이다. 조선중기 문장가였던 최립

(崔岦)도 화계동천의 쌍계를 아래와 같이 노래하였다.

　방장산을 여기서부터 들어가나니(方丈自此入)

　어찌 속세와 같을 수 있겠는가?(豈將人境同)

　기암에서 맑은 물이 쏟아져 내리고(奇巖寫渌水)

　저물어 가는 해는 단풍에 걸려 있다네(落日在丹楓)

　쌍계란 글씨로 나아가 자취를 더듬으며(往躅雙溪字)

　맑은 유람에 한가락 피리 분다네(淸遊一笛風)

　　　　　……

　　　　　-최립, 『간이집(簡易集)』권6「쌍계즉사(雙溪卽事)」-

　그는 임진왜란이 발발하기 직전까지 진주목사로 재임하였
다. 일찍이 쌍계사를 유람하며 화개동천의 절경을 노래하고
최치원을 회상하며 자신의 감회를 남기고 있다.

| 쌍계사 입구의 쌍계 석문

쌍계사의 탐방은 사찰 입구의 '雙溪(쌍계)', '石門(석문)'이란 큰직한 글씨를 가슴에 품은 바위로부터 시작된다. 양쪽 바위에는 초등학생의 솜씨로 새긴 것 같은 못생긴 글씨가 있는데 최치원의 것이라니 다시 한번 눈길을 주게 된다. 사람의 마음이라는 것이 있는 그대로의 가치를 느끼지 못하고 세상의 평가에 동(動)하는 것을 보니 쓸쓸한 마음이 들었다.

쌍계사 본사는 진감국사에 의해 중창되었던 남북 축선의 금당(金堂) 영역이 협소하여 1632년에 벽암이 확장하면서 동서 축선의 대웅전 영역으로 분할되는 독특한 가람배치를 가지고 있다. 국사암 남쪽에 위치한 금당 영역은 경사가 심해 하단·중단·상단으로 나누어 금당·동서방장·팔상전·봉래당·청학루 등의 당우들을 조성하였다. 반면에 쌍계를 끼고 완만한 경사를 이루는 대웅전 영역은 초입인 쌍계 석문부터 삼문(三門)을 거쳐 팔영루·대웅전·명부전·화엄전·삼성각 등이 산지 가람구조에 맞게 잘 배치되어 있다.

먼저 대웅전 영역으로 가기 위해서는 삼신산 외청교(外淸橋)를 건너 '삼신산 쌍계사(三神山雙磎寺)'라는 편액을 단 일주문을 지나야 한다. 그 뒤쪽으로 금강역사를 모신 금강문과 사천왕상을 모신 천왕문을 올라서면 9층 석탑이 앞을 가로 막고, 뒤편으로는 팔영루(八詠樓)와 종각이 있다. 석탑은 스리랑카에서 가져온 석가의 진신사리를 봉안하기 위하여 1990년에 월정사의 탑을 모방하여 만들었다고 한다. 9층탑이 장엄할지는 모르지만 월정사와는 달리 좁은 쌍계사의 공간을 감안하면 답답함을 면할 수는 없다. 또한 진신사리탑 옆에까지 세속의 욕망을 가득 실은 차들이 주차해 있는 것을 보니 절로 눈살이 찌푸려졌다. 뒷면의 팔영루(정면 5칸 측면 3칸)는 2층의 누마루로 당나라에서 범패를 배웠던 혜소가 신라인의 정서에 맞도록 8음률로 다시 만들어 사람들에게 유포한 곳이라고 전한다.

| 팔영루와 9층석탑

대웅전 축대 아래의 앞마당에는 여여문(如如門)을 통해 출입하는 적묵당(寂黙堂)과 해탈문을 통해 출입하는 설선당(說禪堂)이 있다. 두 요사채의 중간에는 귀부·비신·이수를 모두 갖춘 진감선사탑비(국보 47호)가 서 있다. 이 탑비는 최치원의 친필이라는 비신뿐만 아니라 이수에는 구름에 용을 더하고 보주를 얹어 화려함을 뽐내고 있고, 귀부는 조금은 어리석다할 정도로 투박한 모습으로 두 눈을 감은 것이 한국 최고의 탑비라고 할 수 있을 것이다. 비신에는 해서체로 총

163

2,417자의 글씨가 2cm정도 크기로 정갈하게 새겨져 있어 신품(神品)이라는 찬사를 받고 있다. 한 가지 아쉬운 것은 천년의 비바람에도 견뎌온 탑비가 여순사건과 한국전쟁으로 많이 손상되어 지금은 여러 조각들을 겨우 맞추어 철제로 꽁꽁 묶어 놓았다는 것이다. 한국 현대사의 가슴 아픈 장면을 목도하면서 그렇게라도 원형을 보존할 수 있는 것이 천만다행이라고 위안해볼 뿐이다.

뒤편의 대웅전(정면 5칸 측면 3칸, 보물 500호)은 1641년에 벽암이 중창한 이래 수차례의 보수를 거쳤다. 이곳에는 1639년에 처음으로 조성되었다는 중앙의 석가불을 약사여래와 아미타여래가 좌우에서 협시하는 삼세불(三世佛) 좌상을 모시고, 그 사이사이에 관음·대세지·일광·월광 등의 보살입상을 모시고 있다.(보물 1378호) 대웅전 오른편의 명부전 앞에는 커다란 바위 속에 아담한 크기(1.35cm)의 여래좌상 마애불이 두 손을 맞잡고 앉아 있다. 이곳을 뒤로 돌아 오르면 석가의 진신사리를 모시기 위해 2007년에 조성되었다는 금강계단이 있다.

금강계단의 왼쪽으로는 화엄전과 삼성각이 있다. 화엄전(정면 3칸 측면 2칸)은 정중앙에 비로자나불을 모시는 불당이고, 양측은 쌍계사에서 소장하는 불경의 책판(冊板)을 보관하는 곳이다. 이것은 1603년부터 1903년까지 쌍계사의 말사인 능인암(能仁庵)을 비롯하여 쌍계사·국사암 등지에서 조판한 것을 수집한 것이다. 현재는 『원돈성불론(圓頓成佛論)』을 비롯하여 총 33종에 1,743매의 경판을 보관 중으로, 이것은

국내에서 해인사 다음으로 많은 양이다. 뒤쪽 계단 위는 쌍
계사에서 가장 후미진 삼성각이다. 내부에는 칠성탱·독성
탱·산신탱을 모시고 있다. 이곳이 지리산과 관계가 있는
까닭에 산신은 여신으로 그려져 있다.

| 쌍계사 대웅전 내 불상들

　　방향을 틀어 육조정상탑을 중심으로 하는 금당 영역으로
나아가려면 작은 개울을 건너 높은 계단을 올라야 한다. 오
른쪽으로 오솔길이 있는데 국사암과 불일폭포로 가는 길이
다. 밖에서 안쪽의 문을 여닫을 수 있도록 한 재미있는 돈오
문을 들어가면 청학루(靑鶴樓)가 나온다. 이곳은 고려말에 창
건되었던 것을 1641년에 벽암이 중건하였는데, 주로 초심
자들의 수도 장소로 사용되었다고 한다. 지천에 널린 자연
석을 모아서 축대와 주춧돌을 놓고, 다시 껍질만 대충 벗긴
굵은 기둥 위에 누각을 살짝 올려놓은 소박한 공간이다. 그

뒷쪽의 팔상전은 1290년(충렬왕 6)에 진정국사가 창건한 이래 수차례의 중수를 거쳐 오늘에 이르고 있다. 이곳은 원래 1681년에 제작된 영산회상도(보물 925호)와 1728년에 제작된 팔상탱(八相幀, 보물 1365호)을 모셨던 곳이다.

| 금당영역의 청학루

팔상전 왼편의 높은 계단을 오르면 쌍계사를 있도록 한 육조영당인 금당(金堂, 정면 3칸 측면 2칸), 즉 정상사리탑전(頂相舍利塔殿)이 나온다. 중국 남선종의 창시자인 육조 혜능의 '정상'을 모신다는 이곳은 진감선사가 창건했으며, 1979년에 마지막 중수를 하여 오늘에 이르고 있다. 내부에는 1800년대에 용담이 인근의 목압사에서 옮겨온 7층 석탑이 세워져 있다. 금당이라는 현판 외에도 "육조정상탑(六祖頂相塔)", "세계일화 조종육엽(世界一花 祖宗六葉)"이라는 편액이 걸려 있는데, 이것은 추사 김정희의 글씨이다. 일찍이 "차종 한 벌을

주어 그로 하여금 육조탑 앞에 차를 공양하게 하고 아울러 석란산(錫蘭山)에 있는 여래금신(如來金身) 진상이 육조의 금신과 서로 같다는 것을 말해 주었으니 ……"라고 했던 글을 보면, 이 두 글씨의 연기를 짐작할 수 있을 것이다.

본사의 탐방을 마치고 국사암(國師庵)으로 가려면 금당 영역에서 오솔길을 따라 600m쯤 산행을 해야 하는데, 원래의 옥천사이다. 암자 명칭은 국사를 지낸 혜소가 머물렀기 때문에 그렇게 불렸다고 한다. 암자 입구에는 혜소가 짚었다는 느릅나무 지팡이가 현재는 사천왕수(四天王樹)로 불리는 거목으로 성장해 있다. 「지리산 국사암기(1894)」에 의하면 1714년 의삼(義參) 이래로 수차례 중수되었다. 현재는 문수전 · 인법당(人法堂) · 산신각 등이 있다. 특히 'ㄷ'자형의 인법당(정면 6칸 측면 4칸)에는 국사암 · 명부전 · 칠성각 · 옹호문 · 염화실 등의 편액이 있는 것으로 보아 이전에는 상당한 규모의 암자였을 것이다. 이곳에는 아미타후불탱(인법당, 1781년)을 포함한 여러 점의 탱화도 있었는데 현재는 본사 박물관에 보관 전시 중이다.

다시 본사로 돌아 내려오면 2001년에 건립된 쌍계사 성보박물관을 들러 수 있다. 이곳에는 본사의 각 전각과 암자, 말사 등지에 그동안 분산되어 있던 유물(보물 7점, 지방문화재 6점)을 수집하여 소장 · 전시하고 있다. 1층에는 일반유물을, 2층에는 다양한 탱화을 전시하고 있어 쌍계사 탐방을 정리하기에도 제격인 곳이다.

쌍계사와 관련해서 이곳이 한국의 '차시배지(茶始培地)'라는 점을 주목할 수 있다. 한국의 녹차는 당나라로부터 처음 들여왔다. 828년에 김대렴이 당에서 가져온 차나무 씨앗을 왕명에 따라 지리산 줄기에 심었고, 진감선사가 쌍계사와 화개 부근에 차밭을 조성하여 오늘날까지 명차(名茶)가 생산된다고 한다.

화개의 차는 이미 고려시대에도 나라에 진상될 정도로 명성이 자자하였다. 이규보는 "화개다소의 차는 임금에게 올리는 진상차이자 하사품이며, 그 맛이 일품이다", "향기는 갓난아이의 배냇향과 같은 젖 냄새가 난다하여 유차(孺茶)"라고 하였다. 그럼에도 불구하고 화개차는 오히려 백성들에게 부담이 되기도 하였다. 역시 이규보는 "험한 산중에서 간신히 따 모아 머나먼 서울까지 등짐으로 져 날랐네. 이는 백성의 애끓는 고혈이니, 수많은 사람의 피땀으로 이루어졌다"고 그 고통을 생생하게 전하였다.

조선에서도 김정희는 "만허(晚虛)가 쌍계사 육조탑 아래 주거하는데 차를 만드는 솜씨가 절묘하였다. 그 차를 가지고 와서 맛보이는데, 비록 용정(龍井)의 두강(頭綱)으로도 더할 수 없다" 하였고, 초의선사는 "신선 같은 풍모와 고결한 자태는 그 종자부터 다르다"고 절찬하였다. 이런 영욕 속에서 전해진 화개차는 오늘도 쌍계사 주변 사람들에게 좋은 생계 수단이 되고 있다.

지금도 쌍계사 아래의 야산에는 화개천을 따라 차밭이 조성되어져 있다. 매표소에서 석문마을 쪽으로 잠시 내려오면 곳곳에 차밭이 있고, 그 옆에 '쌍계사 차나무 시배지'를 기념하는 표지석이 있다. 주위에 조성된 차밭의 곳곳에는 차에 대한 다양한 예찬들이 있어 탐방객에게 좋은 정보를 전해준다. 아래쪽에는 차문화 체험관이 있어 들러보는 것도 괜찮다.

3. 화계동천 쌍계에 깃든 고승들

쌍계사는 천년 고찰이기 때문에 많은 고승들과 관련이 있다. 그 가운데 육조 혜능, 진감 혜소, 벽송 지엄, 서산 휴정, 벽암 각성 등이 대표적이다. 육조 혜능은 당나라 승려이다. 하지만 적어도 최치원의「진감선사대공탑비문」에서 '육조영당(六祖靈堂)'을 세웠다고 전한 이래로 많은 사람들은 오랫동안 그의 정상(頂相)이 쌍계사에 봉안되어 있다고 믿으면서 혜능은 쌍계사와 밀접한 관련을 맺게 된다. 하지만 삼법화상이 김유신의 부인이었던 법정(法淨) 비구니에게 2만금을 빌려 장정만(張淨滿)을 회유하여 육조의 정상을 취했다는 것은 쉽게 신뢰가 되지 않는다. 이것은 아마 쌍계사의 유래 혹은 법맥을 육조의 돈오선으로까지 소급하고자 하는 의도에서 가탁되지 않았나 생각한다.

진감 혜소(774~850)는 독실한 불교도 집안 출신이었지만 비교적 늦은 나이인 31세에 출가 하였다. 804년(31세)에 세공사를 따라 입당하여 마조 도일(馬祖道一)의 문하였던 창주(滄州)의 신감(神鑑)의 제자가 되었다. 그는 검은 피부로 '흑두타(黑頭陀)'라 불렸는데 이것은 동진(東晉)시기 중국불교 발전의 토대를 마련했던 석도안(釋道安)이 칠도인(漆道人)으로 불린 것과 같은 것이다. 810년에는 숭산 소림사의 유리계단

(琉璃戒壇)에서 구족계를 받았고, 신라의 도의(道義, 가지산문 제
1조)와도 교류하였다. 821년에 도의가 귀국하자 종남산에
들어가 수행하다가 830년(57세)에 귀국하였다.

혜소는 처음에 상주 노악산 장백사(露岳山 長栢寺, 현재 남장사)
에서 머물다가, 후에 선사들이 모여 있던 지리산(현재 국사암)에
이르자 호랑이가 그를 화개곡의 옥천사터로 인도하였다고 한
다. 신라의 민애왕이 즉위하면서 838년에 혜소에게 경주로
나와 황룡사에 머물 것을 간청했지만 완곡하게 거절하고 화
계동천에 머물며 840년부터 옥천사를 중창하여 가람의 면모
를 갖추게 하였다.

그는 중창된 옥천사에서 참선뿐 아니라 본격적으로 범패
를 널리 펼치기도 하였다. 범패라는 것은 승려가 재(齋)를 올
릴 때 부처의 공덕을 찬양하며 부르는 노래로 어산(魚山)이라
고도 한다. 이것은 조위(曹魏) 명제 태화 4년(230)에 진사왕
조식(陳思王 曹植)이 중국 산동성 동아현(東阿縣) 어산을 유람
하다가 범천의 노래를 듣고, 그 음조에 불곡(佛曲)을 지은 것
을 후세에 '어산범패'라고 부른 것에서 유래한다.

혜소는 일찍이 소림사에 있을 때 지암(智巖)에게 범패의 오
묘한 이치를 배워 터득하였다. 그의 비문에서는 "평소에 범
패를 잘하여 그 목소리가 금옥과 같았다. 구슬픈 곡조에 날
리는 소리는 상쾌하면서도 슬프고 우아하여, 능히 천상계의
신불(神佛)을 환희하게 하였다. 멀리까지 흘러 전해지니 배
우려는 사람이 당(堂)에 가득 찼는데 가르치기를 게을리 하
지 않았다"고 한다. 그가 열성으로 범패를 가르치자 많은 사

람들이 교화되어 곳곳에서 흥얼거렸고, 그 여운은 현재도 끊이지 않고 불교계의 재회(齋會)에서 행해지고 있다.

서산대사(西山大師, 1520~1604)는 조선중기 선승으로 임진왜란 때 승병장으로 잘 알려져 있다. 법명은 휴정(休靜)이고 '서산'은 만년에 묘향산에 은거하면서 사용하였다. 평안도 안주(安州) 출신인 그는 태어날 때 부모가 이미 50살을 넘어 그 나이 10살에 고아가 될 수밖에 없었다. 서울에서 잠시 머물다 남쪽으로 유람하여 두류산 화개에서 숭인(崇仁)을 만나 머리 깎고 원통암(圓通庵)에서 출가하였다. 그는 일선(一禪)화상에게 수계를 받고, 벽송 지엄(碧松 智嚴)의 제자였던 부용 영관(芙蓉 靈觀)에게 인가를 받았다. 화개에서는 주로 삼철굴(三鐵窟) · 대승(大乘) · 의신(義神) · 원적(圓寂) · 은신(隱神) 등의 암자에서 수행하였다.

| 쌍계사 진감선사 탑비

171

그는 1546년에 10여년을 머물렀던 화개를 떠나 운수
행각으로 선지식을 찾아서 수행정진을 하였다. 30살 때
인 1549년(명종 4)에 승과(僧科)에 급제하여 대선을 거쳐 선
교양종판사(禪敎兩宗判事)가 되었다. 그 후 왕실의 원찰이었
던 봉은사 주지를 겸하며 활동하다가 1556년에 모든 직책
을 버리고 다시 금강산·태백산·오대산·묘향산 등지를 행
각하였다. 운수승임에도 불구하고 화개동천이 그리웠던지
1560년에 쌍계의 신흥계곡으로 돌아와 내은적암(內隱寂庵)
을 수리하여 청허당(淸虛堂)으로 개칭하고 머물렀다. 그는 그
때의 감흥으로 아래의 시를 한편 남기고 있다.

두류산에 암자가 하나 있으니, 암자는 내은적이라 부른다네
(頭流有一庵 庵名內隱寂)
두 류 유 일 암   암 명 내 은 적
산이 깊고 물 또한 깊으니, 노니는 선객의 흔적 찾기 어렵네
(山深水亦深 遊客難尋跡)
산 심 수 역 심   유 객 난 심 적
동서에 각기 누대 있으니, 만물은 좁아도 마음은 좁지 않다네
(東西各有臺 勿窄心不窄)
동 서 각 유 대   물 착 심 불 착
청허라는 주인 한 사람이, 천지를 이불로 삼아서
(淸虛一主人 天地爲幕席)
청 허 일 주 인   천 지 위 막 석
여름날 솔바람을 즐기며, 누워서 구름의 변화를 보노라
(夏日愛松風 臥看雲靑白)
하 일 애 송 풍   와 간 운 청 백

　　　　　　　　　　　　　　　-휴정, 「쌍계방장(雙溪方丈)」-

이 시에서 산사는 적막하기 그지없지만 그곳에 거주하
는 주인의 호연지기와 유유자적의 모습을 잘 묘사하고 있
다. 그는 이곳에 머물며 『삼가귀감(三家龜鑑)』을 집필하였고,

1564년에는 서문까지 마무리 지어 판각하여 인쇄하고자 하였다. 산청의 단속사에 2년에 걸쳐 판본이 완성되었지만 남명의 제자였던 성여신(成汝信)과 갈등으로 조각된 판본이 모두 불태워지는 참상을 당하게 된다. 이런 상황 속에서 불교를 옹호하던 문정(文定)왕후가 죽자 조선의 억불정책은 더욱 강화되고 그는 결국 북쪽으로 발길을 돌리며 화개동천과 이별하게 된다.

묘향산에 머물던 그는 정여립의 모반사건(1589년)에 연루되어 70세의 고령임에도 불구하고 투옥되기도 하였다. 그 후에 임진왜란 때 팔도십육종도총섭(八道十六宗都總攝)이란 직책을 받아 승군을 총지휘하며 '구국호민(救國護民)'을 위하여 노력하였다. 1604년 정월에 "80년 전에는 너가 나이더니, 80년 후에는 내가 너로구나[八十年前渠是我 八十年後我是渠]"라는 입적시(入寂詩)를 남기고 열반에 들었다.

쌍계사는 나말려초의 구산선문 가운데 하나로 발전하지는 못하였지만 수많은 고승들이 드나들었고, 불교 음악인 범패를 널리 알림으로써 현재까지도 한국불교계에서 중요한 위치를 차지하는 명찰(名刹)로 평가되고 있다.

울어도 울지 않는
지리산 대원사

지리산은 새싹이 돋는 봄이면 봄, 단풍드는 가을이면 가을, 사시사철 탐방객을 즐겁게 해 주어서 좋다. 특히 대원사 (大源寺)가 자리한 유평계곡은 가마솥 찜통 같이 푹푹 찌는 여름철에 물웅덩이에 수박 한 덩이 담그고 커다란 바위 아래 숨어서 피서하기에 제격인 곳이다. 저 멀리 지리산 천왕봉의 어느 자락에서 흘러 내려 덕천강을 따라 집채 같은 바위에 부딪쳐 물보라를 일으키며 콸콸 솟아져 내리는 물소리만 들어도 무더위는 저절로 범접하지 못할 것이다. 아니면 무더위 다 지나간 여름 끝자락의 비오는 어느 날 우산을 들고 바위에 앉아 탁족(濯足)을 하는 것도 즐거울 것이다. 이 좋은 자연 풍광을 그대로 두어도 좋으련만 탐방객의 편의를 위해서라는 미명하에 산기슭을 헐어 바위를 깨부수고, 길을 넓히며 속기(俗氣)를 골짜기마다 끌어들이고 있어 아쉬움이 남는다.

1. 은하십리(銀河十里)에 깃든 대원사

일찍이 남명(南冥)선생은 지리산을 "하늘이 울어도 울지 않는[天鳴猶不鳴]" 심지 곧은 산이라 하였다. 또한 번잡한 김해를 떠나 덕산의 산천재(山天齋)에 은거하면서 지리산 동쪽 천왕봉 아래의 유평계곡을 "옥황상제와 가까운 곳", "은하십리" 등으로 묘사하였다. 이렇게 산세 수려한 계곡에 사찰이 들어선 것은 548년(진흥왕 9)에 연기(緣起)조사가 평원사(平原寺)를 창건하면서라지만 정확하지 않은 부분이 많다. 창건 이래 수차례의 화재로 1천여년 동안 사세(寺勢)와 관련한 자료는 소실되어 전하지 않고, 임진왜란 이후의 내용들만이

간간히 전하고 있다. 지리산은 신승·도사·명현들에게 동
국(東國)에서 최고의 절경지라 평가될 정도로 산세 수려한 곳
이 많음으로 그 동안 수많은 은둔자들이 스쳐 지나갔을 것이
지만 전하지 않는 것이 아쉬울 따름이다.

| 지리산 대원사 중창 사적비

　일찍이 부여(夫餘) 출신인 회암 운권(檜巖 雲卷)이 제자들을
이끌고 덕산의 불장암(佛藏庵)에 머물며 강송(講誦)을 하다가
1684년(숙종 10) 겨울에 창건 불사를 할 것을 다짐하였다.
그 이듬해에 운권은 문도들을 이끌고 폐허가 된 평원사지에
천광전(天光殿)과 운영루(運影樓)를 중창하여 대원암이라 하
고, 선불간경도량(選佛看經道場)을 개설하자 대중이 모여들어
영남지역 제일의 강당으로 발전하였다. 그로부터 4년 후인
1689년에 와룡(臥龍)에서 왔던 두타승인 운초(雲楚)가 기와
불사를 이루었고, 같은 해 여름에 명안(明眼)이 그 시말을 정

리하여 「지리산 대원난약 창건기(智異山大源蘭若創建記)」를 찬술하였다.

이곳에는 일찍이 석가의 진신사리를 모시기 위해 자장이 세웠다는 10층의 고탑(古塔)이 있었는데 수많은 풍상을 거치면서 허물어져 사람들의 탄식을 자아내었다. 그러다가 담암 태흠(淡庵 太欽)이 1724년(경종 4) 5월에 1차로 수선을 하였다. 1784년에는 혜월 옥인(慧月 沃印)이 다시 탑을 중수하면서 크고 작은 사리 72과를 얻었다. 이에 기단을 정리하여 오색 영롱한 사리를 3·5·7층에 봉안하였다. 사찰에서는 보통 탑을 금당 앞에 배치하지만 옥인은 이것이 존비(尊卑)의 의미를 상실한 것으로 여겨 금당보다 높은 곳에 두었다. 그래서 지금도 대원사의 다층석탑은 대웅전 앞이 아니라 오른쪽 언덕 위의 높은 곳에 있다. 그 후 옥인은 묘향산에서 10여 년을 머물며 서산대사의 사리부도탑비문을 보고 느낀 것이 있어 후학들의 고증을 위해 「지리산 대원암 세존사리탑 중수기(智異山大源庵世尊舍利塔重修記)」를 찬술하였다.

구봉 혜흔(九峯 慧昕)이 머물면서 동쪽으로 방장실을 짓고, 서쪽으로 조사영당을 보수하여 크게 중창을 하였다. 그 결과 1890년(고종 27)에는 대원사로 이름을 변경하고, 좌선과 강경이 함께 이루어지면서 전국적으로 명성을 얻게 되었다. 하지만 근현대에 들어와서도 1914년에 실화로 당우가 전소되었고, 1948년의 여순사건 때도 진압군에 의해 전각의 일부가 불 타버렸다. 잇따른 한국전쟁으로 그나마 남아 있던 전각마저 완전히 불타버렸다. 대원사의 탑전은 현대 고승으로 평가받는 성철도 출가 이전인 1935년에 재가자의 신분으로 머물며 참선수행을 했던 곳으로 전해지고 있다.

한국전쟁이 끝나자 비구니 만허 법일(萬虛 法一)이 1955년부터 머물며 중창을 발원하여 먼저 탑전을 세웠다. 그 후로 대중들을 주도하여 외적으로 대웅전 등 현존하는 대부분의 당우 불사를 행하였고, 내적으로 비구니 참선도량을 발전시켰다. 대원사를 둘러보면 전체적으로 가람 배치가 아기자기하며 깔끔한 것이 비구니 수행처라는 것을 단번에 느낄 수 있다.

2. 진신사리탑의 빛이 천암동을 감싸고

남명선생은 덕천강의 유평계곡을 시적(詩的)으로 '은하십리'라 묘사를 했지만 실제로 30여리가 넘는 깊은 계곡이다. 대원사의 탐방은 소막골 야영장에서 덕천강을 따라 구절양장(九折羊腸) 같은 산길을 오르는 것에서 시작된다. 이마에 땀이 맺히기 시작할 때면 대원교가 나타나고 난간의 위·아래쪽 개울에는 바위가 여기저기 자리잡고 앉았다. 다리를 건너면 아름들이 금강송이 자태를 자랑하고, 그 앞에는 세로로 '방장산 대원사(方丈山大源寺)'라는 사액(寺額)을 내걸은 일주문이 오뚝이 서 있다. 조금만 더 나아가면 언덕 위에는 1997년에 세운 「대원사 중창 사적비」가 있다. 그 뒤편으로는 2008년에 신축한 템플스테이 수련원이 있는데, 이곳은 대한불교조계종 비구니 사찰 가운데 최초로 템플스테이를 개설한 곳이다.

| 약수터에서 본 봉상루 전경

　공터 앞의 큰 느티나무 아래 약수터에서 잠시 한숨을 돌리고 다시 왼쪽으로 방향을 틀어 돌계단을 오른다. 높은 언덕배기에는 '방장산 대원사'라는 편액을 메달은 2층 누문 형식에 팔작지붕의 당우가 있다. 누문에는 보통 사천왕상이 있지만 보이지 않고, 계단 끝자락으로 대웅전의 현판이 보인다. 계단을 올라 바로 뒤 돌아서면 봉상루(鳳翔樓, 정면 3칸 측면 2칸)란 편액이 걸려 있고, 그 왼쪽으로는 범종각이 있는데 모두 1972년에 신축된 것이다. 오른쪽으로는 청풍료와 요사들이 배치되어 있다. 대웅전을 중심으로 각 당우들을 빙 둘러보면 넓지 않은 절터 때문인지 각 전각의 지붕처마가 맞붙어 있다는 느낌이 들 정도로 오밀조밀하게 배치되어 있어 친밀감을 더해 준다.

　대웅전 앞마당 끝에는 최근에 조성된 석등이 1쌍 있다. 뒤편의 높은 2층 석축 위에는 대웅전 · 원통보전(圓通寶殿) · 천광전(天光殿) 등의 당우가 우뚝 서 있는데, 단청이 서서히 세월을 먹어서인지 오랫동안 바라보아도 눈이 시리지 않아 계속 쳐다보게 된다. 대웅전은 소실된 채로 있다가 1962년에야 비로소 천광전과 함께 중창되었다. 팔작지붕의 대웅전(정면 3칸 측면 3칸)은 겹처마에 다포식이며, 중앙의 어칸[御間]은 사분합의 여닫이문으로 매·난·국·죽의 사군자가 아로새겨져 있어 매우 화려하다. 하지만 '대웅전' 편액은 누구의 것인지 알 수 없는 평범한 해서체 글씨이다. 내부에는 석가여래를 중심으로 문수·보현을 좌우협시 보살로 하는 석가삼존불좌상이 있고, 영산회상도를 후불탱으로 봉안하고 있다. 천정에는 두 마리의 용이 서로를 마주 보고 있다.

| 봉상루에서 본 대웅전 전경

　대웅전의 왼쪽에는 1967년에 중창된 원통보전(정면 3칸 측면 3칸)이 있다. 팔작지붕을 '十'로 교차하여 만든 독특한 지붕

형식을 갖추고 있으며, 편액은 전서(篆書)를 정방형으로 변화시켰다. 주련에는 "한 떨기 붉은 연꽃 바다 동쪽에 있는데, 푸른 파도 깊은 곳에서 신통을 나투시네. 지난밤 보타산에 계시던 관자재께서, 오늘은 이 도량에 강림하셨네"라고 당우의 주인을 노래하고 있다. 이 주련은 흥선대원군으로부터 '천재소년'으로 칭찬 받으며 영남지역에서 활동했던 석재 서병오(石齋 徐丙五)의 글씨이다. 내부에도 편액과 주련에 부합하게 금동의 관음보살좌상과 천수천안탱 등이 봉안되어 있다.

원통보전의 왼쪽으로는 아미타여래좌상을 봉안한 천광전(정면 6칸 측면 4칸)이 있는데 예전에는 선불간경회가 열렸던 곳이다. 다시 왼쪽으로는 계속하여 1986년에 신축된 염화실(拈花室)과 1987년에 신축된 명부전이 있다. 원통보전의 뒤쪽으로 가지런한 장독대를 지나면 1967년에 신축된 맞배지붕의 산왕각(山王閣, 정면 1칸 측면 1칸)이 있다. 일반적으로 산신각에는 남성신이 모셔져 있는데 이곳에서는 특이하게도 여성신이 모셔져 있는데, 아마 지리산신인 성모(聖母)를 묘사한 것 같다.

대웅전 오른쪽의 언덕 위에는 1955년에 중건되고 1986년에 증축되었던 사리전(舍利殿)과 다층석탑이 있다. 이곳은 현재 선원으로 사용되고 있어 일반인의 출입을 통제하고 있다. 사리전(정면 7칸 측면 4)에서는 매년 하안거와 동안거 때 경남을 비롯한 전국에서 참선에 뜻을 둔 비구니들이 모여들어 수행정진하고 있다.

| 대웅전 뒷편에서 본 다층석탑

  그 앞에는 자장율사가 조성했다는 대원사 다층석탑(보물
1112호, 높이 6.6m)이 있다. 석재는 철분을 많이 함유한 화강
암으로 검붉은색을 띠고 있어 마치 녹 슬은 철판을 잘라 만
든 것처럼 보인다. 1층의 몸돌에는 팔부중상을 돋을새김 하
였고, 네 모서리에는 두 손으로 홀(笏)을 움켜잡은 석인상이
탑을 받치고 있는 것이 특징이다. 지붕돌의 받침은 2단으
로 되어 있으며, 제일 위쪽의 네모서리에는 풍경이 달려 있
어 운치를 더해 준다. 석탑 앞에는 봉로대가 있는데 1784
년(정조 8)에 중수되었다고 글씨를 새겨 놓았다. 혜월이 이 탑
을 수리할 때 72과의 사리를 얻었는데, 그 밤부터 상서로운
빛이 천암동(天巖洞) 전체를 낮과 같이 비추었다고 전한다.
근대불교학자 이능화도『조선불교통사』에서 동쪽의 대원사
탑을 중간의 법계사탑, 서쪽의 화엄사탑과 함께 지리산 3대
탑이라고 하며, 1년에 두 차례씩 각 탑에서 내뿜은 서광이

허공에서 만나 오색무지개를 이룬다고 하였다. 동안거 기간
이라 이곳이 외부인의 출입금지 구역으로 지정되어 있어 대
웅전 쪽에서 탑신만 감상할 수밖에 없어 아쉬움이 남는다.

대원사의 탐방을 마치고 여유가 된다면 계곡을 따라 안쪽
으로 새재까지 걸어보는 것도 좋을 것이다. 가는 길목인 유
평에는 지금은 폐교가 되었지만 한때는 고산지대 분교의 대
명사였던 가랑잎국민학교(삼장국민학교 유평분교)가 있어 잠시 어
린 시절로 돌아갈 수 있을 것이다.

3. 대원사을 중창한 여장부 만허 법일

만허 법일은 1904년에 서울 종로에서 태어났다. 동덕여
고를 졸업 후에 외가가 있는 진주의 식산은행에서 10여년
을 근무했다. 우연히 대원사를 방문했다가 1937년에 대원
사의 문성(文成)을 은사로 출가하였다. 이듬해에 영암(映岩)에
게 사미니계를 수지하였다. 이후 10여 년 동안 고봉·만공
등의 선지식을 거쳐 1950년에는 효봉을 계사(戒師)로 비구
니계를 수지하였다. 1953년부터 불교정화운동에 참여하여
대구 동화사가 비구니 총림으로 운영될 때 일익을 담당하였
고, 청도 운문사의 정화운동에도 동참하였다.

1955년 9월에 대원사 주지로 임명되어 제자 행원(行願)·
성우(性牛) 등과 탑전을 필두로 중창 불사를 시작하였다. 중
간에 불교정화운동의 여파로 대처승과의 분쟁이 있어 잠시
중창 불사가 중지 당하기도 하였다. 하지만 1959년에 부산
고등법원에서 법적인 문제가 정리되어져 향후 30여년 동안

대원사의 중창에 매진하였다. 그 결과 대원사는 울산의 석
남사, 충남 수덕사의 견성암 등과 더불어 동국제일선원으로
발전하게 되었다. 1991년 10월에 세수 88세, 법랍 56세
로 입적한 법일은 현재 대원사의 중창주이자 불교계의 여장
부로 알려져 있다.

13

원효가 수도했던 수도사,
무학이 이건했던 유학사

의령은 낙동강을 경계로 동쪽으로 창녕이 있고, 남강을 경계로 남쪽으로 함안이 있는 조선시대 경상우도 28군현 가운데 한곳이다. 이곳은 임진왜란이 발발한지 9일 만인 1592년 4월 22일 전국에서 가장 먼저 의병의 깃발이 올랐던 '의병의 고장'이다. 5월말에는 홍의장군으로 잘 알려진 의병장 곽재우가 정암나루[鼎巖津] 전투를 승리로 이끌어 왜군의 전라도 진출을 저지하기도 하였다.

'정암'이라는 지명은 물속에 잠긴 바위가 3개의 솥다리처럼 생겼다고 해서 얻어진 이름이다. 풍수지리에서 이런 형국은 식복(食福)과 재물을 상징하는 천하의 명당이다. 그래서인지 예로부터 정암의 반경 8km 이내에는 부귀가 끊이지 않는다고 하였다. 현재 한국을 대표하는 삼성 · LG · 효성의 창업주가 모두 이곳에서 태어난 것이 우연일까? 이렇게 부귀가 보장되고, 풍광도 뛰어난 의령이지만 다른 지역과는 달리 전통사찰은 찾아보기 쉽지 않다. 아쉽지만은 신덕산 수도사(新德山 修道寺)와 미타산 유학사(彌陀山 留鶴寺) 정도가 있을 뿐이다.

1. 신덕산 수도사에는 원효가 수행 했다는데

우봉지맥(牛峰枝脈)에 속하는 신덕산(神德山) 중턱에는 662년(문무왕 2)에 원효가 창건했다는 수도사(修道寺)가 있다. 한국에서 오래된 사찰치고 원효나 의상이 머물렀다고 전하지 않는 곳은 드물다. 수도사에서는 원효가 가람을 창건할 때 있었던 전설이 전한다. 먼저, 원효가 신덕산 정상의 병풍처럼 생긴 바위(높이 5m, 폭 20m)에서 득도하고 100여명의 제자들과 수행을 하여 수도사라 하였다는 것이다. 두번째로는 '깨진 덤 마개[바위가 깨어져서 대사의 위험을 막아주다]'의 이야기다. 원효가 이곳에서 수도할 때 호랑이가 덮치려 하자 바위가 큰 소리로 깨어지면서 그를 구해주었다는 것이다. 깨어진 바위(높이 2m, 폭 7m)는 현재도 수도사의 부도밭에서 위쪽으로 1.5㎞쯤 되는 곳이 있단다.

| 수도사의 전경

원효가 수도사를 창건한 이후 조선초기까지 사세(寺勢)의 변화는 전하지 않는다. 1420년(세종 2)에 국률(國律) · 정암(鼎巖) 등이 중창했다고 전하지만 1592년 임진왜란으로 다시 소실되었다. 이후에 유정(惟政)이 중창했다지만 역시 상세한 내용은 알 수가 없다. 구체적인 시간은 알 수 없지만 전하는 「불상개분기(佛像改粉記)」에 의하면 극락전의 아미타여래삼

189

존불은 최소한 1786년(정조 10) 이전에 조성되었다.

또한 평삼(評三)·유성(惟性) 등이 참여하여 '의령 수도사감로탱(宜寧 修道寺 甘露幀, 210×193㎝)'을 조성하기도 하였다. 수도사에서는 여말선초에 연꽃·봉황·덩굴문늬를 넣은 은입사향로(높이 23㎝)도 제작했었는데, 무슨 이유에서인지 현재는 고성 옥천사 보장각에 보관되고 있다. 비록 1816년(순조 16)에 일부 보수가 있었지만 여전히 향로에는 '의령 수도사'에서 제작하여 사용했다는 명문이 있다. 조선후기부터 1990년대에 극락전이 새로 지어질 때까지 사세의 변화는 전하지 않는다. 2002년 태풍 '매미' 때 개울물이 가람을 덮쳐서 폐허가 되었다가 2004년에 보수되었다고 전한다.

수도사에는 주차장이 2곳이 있는데 탐방은 아래 주차장에서 시작하는 것이 좋다. 물론 편리를 추구하는 대부분의 사람들은 사찰 입구 마당까지 차를 끌고 올라가는 경우도 종종 있다. 오른쪽으로 난 오솔길을 따라 가면 최근에 화강석으로 아치형의 극락교를 만들어 놓았다. 다리 건너 경사진 언덕을 오르면 팔작지붕의 만세루(정면 3칸 측면 2칸)가 나온다. 이곳은 2층 누마루 형식으로 1층의 누문은 통로이고, 2층은 모두 방의 형식을 띤 휴식 공간이다. 누의 정면에는 "신덕산 수도사", 뒷면에는 '만세루'라는 편액이 걸려 있다. 누문의 끝자락에는 높은 축대 위에 이 절의 금당인 극락전이 보인다.

| 수도사 만세루

 좁은 마당 끝자락의 축대 계단 왼쪽에는 투박하게 생긴 4
층석탑(3m)이 하나 서 있다. 통일신라말부터 조선시대까지
시기가 다른 몇 개의 부재를 쌓아 올렸는데 비율이 전혀 맞
지 않다. 전체적으로 훼손이 심각하고, 지붕돌의 받침은 없
지만 추녀 모서리의 반전과 곡선미는 상당히 뛰어나다. 하
지만 기단부는 콘크리트를 섞어서 억지로 복원을 해 놓았지
만 전혀 자연스럽지 못하였다.

 석탑의 뒤편에는 가람의 중심인 팔작지붕의 극락전(앞면 3
칸 옆면 2칸)이 3단의 높은 축대 위에 앉았다. 최근에 건립된
극락전 내부에는 원래 백옥으로 조성된 주불인 아미타여래
을 관음보살 · 대세지보살이 협시한 삼존좌상이 개금(蓋金)된
채로 봉안되어져 있다. 2002년에 아미타불상의 복장 유물
이 도난 당한 것을 계기로 오른쪽 대세지보살의 복장을 확인

191

한 결과 이들 불상은 최소한 1786년(정조 10년) 이전에 조성되었다는 것을 알 수 있었다. 대세지보살은 다른 사찰의 것이 화려한 보관으로 장식된 것과 달리 두건을 착용하고 일부 머리카락이 삐져나와 있는 특징을 가지고 있다.

극락전의 오른쪽으로 축대 위에는 팔작지붕의 칠성각(정면 3칸 측면 2칸)이 있다. 작은 당우임에도 불구하고 처마가 처지는 것을 방지하기 위해 사방에 활주를 설치해 두었다. 세월의 흐름에 색채 바랜 단청이 그나마 수도사의 무게를 더해 주는 것 같다. 칠성각의 편액 밑에는 칠성각을 중수할 때 시주했던 사람의 명단이 1칸을 차지할 정도로 길게 걸려 있다. 내부에는 조선후기에 조성된 것으로 다소 거칠게 묘사된 칠성탱이 근래에 조성된 용왕탱 · 독성탱과 함께 봉안되어져 있다.

| 수도사 칠성각

칠성각 뒤쪽 계단 위에는 맞배지붕의 산신각(정면 1칸 측면 1칸)이 있다. 그 주위로 최근에 조성된 녹차밭이 있어 추운 겨울이지만 푸르름이 생기를 더해주고 있다.

본사의 탐방을 마치고 만세루에서 개울을 따라 내려가면 왼쪽 산기슭 소나무 숲에는 수도사 부도밭이 있다. 1970년대까지는 50여기의 부도가 있었다고 전해지지만 어찌된 일인지 현재는 10여기 밖에 없다. 인선당(麟鮮堂)을 포함한 7기의 부도는 주인을 알아볼 수 있는 것으로, 대부분 조선시대에 조성된 것이다.

천년이 넘는 의령을 대표하는 고찰인 수도사는 비록 전각은 근래에 복원되었지만 유물은 대부분 외부로 유출되어 전하지 않는다. 또한 1786년에 제작된 '의령 수도사감로탱'은 현재 열악한 사세로 양산의 통도사성보박물관에 보관 중이다. 그 동안 외부로 유출되었던 유물들이 다시 제자리를 찾을 수 있었으며 하는 작은 바램을 가져 본다.

2. 미타산의 유학사

합천과 의령에 걸쳐 있는 미타산(663m)에도 원효가 창건했다는 유학사가 있다. 이곳은 신라의 백제에 대한 전략 요충지로 삼국시대 축조된 미타산성과 조선시대에 쌓은 봉수대가 있다. 유학사가 자리 잡은 미타산은 '학(鶴)이 비상'하는 형국이고, 가람은 산의 8부 능선인 학의 머리 부분에 세워져 있었다. 조선초기 풍수에 뛰어났던 무학(無學)이 1400

년(정종 2, 庚辰)에 '학의 품'에 해당하는 현재 위치로 이건했으며, 현재도 옛 절터의 흔적은 남아 있다고 한다. 절의 이름인 '유학'도 학이 머무는 곳이란 의미, 혹은 무학이 잠시 머물렀다는 의미를 가진다고 한다.

원효 이래로 1300여년, 무학 이래로 600여년의 고찰인 유학사는 비록 1900년(광무 4)에 「법당중수기」가 편찬되기는 했지만 누락된 부분이 너무 많다. 유학사는 1690년(숙종 16)에 의훈(儀勳)이 법당을 새롭게 지은 이래로 중건과 중창이 거듭되었다. 또한 1780년에는 치유(緇裕)가 누각을 지었고, 1800년(庚申)에 사우와 전당의 중수가 있었다.

1900년에는 경룡(敬龍) · 범해(梵海) · 정선(正善) 등이 대웅전을 중수하여 단청하였고, 1905년에는 금호(錦湖)가 칠성각을 새롭게 지었다. 1954년(갑오)에는 주지였던 임봉(林峯)이 '당사유래(當寺由來)'를 간략히 정리하였다. 최근에는 대웅전 · 만세루 등이 중건되면서 조금씩 가람의 형식을 갖추기 시작하여 현재는 의령지역의 대표적인 비구니 수행처가 되고 있다.

낙동강과 멀지 않은 유학사는 의령에서 오다 여배교를 건너면 바로 좌회전하여 유학천을 따라 끝까지 올라가면 된다. 깊은 협곡 사이로 길게 늘어선 자연 촌락, 대밭으로 둘러싸인 집은 마치 고향을 찾는 것 같은 포근함을 느끼게 해준다. 유학사의 탐방은 소류지 위쪽의 주차장에서 시작한다. 유학천의 작은 다리를 건너면 오른편 언덕 위에 유학사가 있다

| 유학사 전경

언덕의 돌계단을 올라가면 팔작지붕의 단층인 만세루가 있다. 누문도 없는 것이 여느 사찰과 달리 요사의 형태를 취하지만 만세루라고 부른다. 뒤쪽의 처마 밑에는 '유학사'라는 사액(寺額)이 걸려 있다. 현재는 건물의 일부를 종무소로 사용하고 있다. 이곳에는 1900년(광무 4)에 이태현(李泰鉉)이 지은 '법당중수기'를 비롯한 몇 개의 현판을 보관하고 있어 유학사의 역사를 더듬어 보는데 도움이 될 수 있다.

만세루의 오른쪽으로 요사가 있고, 마당의 가운데는 5층 탑이 있다. 유학사의 주불전은 극락전으로 만세루와 동일한 축선에 배치되어 있다. 팔작지붕의 극락전(정면 3칸 측면 2칸)은 높은 2단 축대 위에 있는데, 근래에 새롭게 단청하여 산뜻한 분위기를 내보인다. 극락전에는 원래 오동나무 재질의 아미타삼존불을 봉안했었는데 1970년 말에 분실되어서 현재는 그 모습은 본 딴 금동 불상이 모셔져 있다. 극락전의 왼쪽에는 최근에 만들어진 종각이 있다.

극락전과 요사의 뒤쪽 언덕 위에는 칠성탱·산신탱·독성탱을 모신 맞배지붕의 삼성각(정면 3칸 측면 2칸)이 있다. 원래는 이정학(李庭學)이 1898년(광무 2)에 상량문을 쓴 칠성각이 있었던 곳이다. 유학사를 둘러보고 뒷문으로 내려오는데 담장이 주위에서 흔히 구할 수 있는 막돌을 사용하여 깔끔하게 쌓아 올려 주위와 조화를 잘 이루었다.

수도사에서 유학사로 가는 길에는 의병장 곽재우 생가, 항일독립운동가 백산 안희제 생가가 있으니 시간이 허락한다면 잠시 들러보는 것도 괜찮을 것이다.

14

의상대절 원효암과
무릉도원 장춘사

1. 두 성인이 수행한 의상대절의 원효암
2. 무릉도원에 깃든 장춘사

함안은 낙동강과 남강의 남쪽에 위치하여 넓은 충적평야
가 발달한 곳이다. 그 결과 일찍부터 독자적인 문화가 발달
하였고 6가야 가운데 하나인 아라가야(阿羅伽倻)의 본거지
가 되었다. 김해를 포함한 옛 가야지역에는 불교의 남방전
래설이 있지만 함안에서는 보이지 않는다. 또한 여항산·광
려산·서북산 등 산세가 비교적 수려한 곳도 많지만 전통사
찰의 명맥을 이어오는 곳을 찾기란 쉽지 않다. 사세(寺勢)가
미흡하지만 함안의 전통사찰로는 원효암(元曉庵)과 장춘사를
들 수 있다.

1. 두 성인이 수행한 의상대절의 원효암

원효암은 함안에서 가장 오랜 전통을 간직한 곳이다. 이곳
은 함안의 주산인 여항산 중턱(해발 500m)에 위치한 것으로,
신라시대인 667년에 원효와 의상이 수행정진을 위하여 창
건했던 도량으로 전한다. 하지만 의상은 661~671년까지
입당구법(入唐求法)으로 국내에 거주하지 않았기 때문에 667
년 창건설이 의상과 관련이 있는지는 의문이다. 또한 경남
을 비롯한 전국에는 원효가 창건했다는 사암(寺庵)이 상당히
많이 있다. 함안에서 원효암의 창건설화를 만들고, 의상대
라는 이름을 명명했던 것은 함안지역 불교도들이 두 성인을
추모하는 마음 때문이 아닌가?

고려시대인 1370년(공민왕 19)에 원효암이 중창되었다고
하지만 그 당시의 현황이나 그 뒤의 연혁도 알 수 없다. 원
효암이 중창될 때 현재의 대웅전 옆에 있는 칠성각이 처음으

로 창건되었다고 한다. 그 후로 일제강점기인 1934년에 칠성각 내부에 있던 몇 점의 불화가 도난 당하고, 한국전쟁 때는 전화(戰火)로 소실되면서 사세는 더욱 쇠퇴하였다. 그러다 1992년에 의상대가 보수되고, 2004년에 대웅전이 새롭게 만들어지면서 현재에 이르고 있다.

| 함안 원효암 전경

원효암은 함안을 대표하는 암자라는 명성에 비해서 현존하는 당우의 규모나 배치는 부족한 감이 없지 않다. 이곳은 다른 사찰과 달리 절 입구까지 차를 타고 간다. 산을 좋아하는 탐방객이라도 포장된 차도를 지루하게 걷는 것은 별다른 감흥을 주지 못하기 때문이다. 원효암은 비탈진 산의 경사면을 정리해서 가람을 배치하다보니 전각들이 높다란 축대 위에 겨우 앉아 있다. 2004년에 신축된 대웅전(정면 3칸 측면 2칸)도 2층의 축대를 사용하였고, 뒤쪽으로 산자락에 바짝

붙여 놓았다. 내부에는 최근에 조성된 화려한 금동 석가삼
존불이 봉안되어 있다.

대웅전의 왼쪽으로 한층 더 높은 축대 위에는 팔작지붕의
칠성각(정면 3칸 측면 2칸)이 앉아 있다. 이곳은 고려시대에 창
건되었다고 전하는 원효암에서 가장 오래된 전각이다. 경내
의 중앙에 자리하기 때문에 대웅전보다는 앞쪽으로 여유 공
간이 더 있다. 하나의 전각에 칠성각 · 산령각 · 독성각의 편
액을 각각 내걸고 있는데, 모두 근대의 명필로 알려져 있는
성파 하동주(星坡 河東洲)의 글씨이다. 내부에는 전각의 이름
에 부합하게 중앙의 칠성탱을 비롯하여 산신탱 · 독성탱 등
이 그려져 있다. 또한 칠성탱을 후불탱으로 삼아 치성광여
래(熾盛光如來)의 형상이 봉안되어져 있다.

외벽의 처마 밑에는 칠성각 중건 때에 시주방명록이나 상
량문의 현판 등이 있다. 그 중에 시주방명록에는 '소화 11년
을해'라는 기록이 있어 1935년(을해) 혹은 1936년(소화 11)에
중건됐다는 것을 알 수 있다. 이곳은 최근에 대웅전이 창건
되기 전까지 법당의 역할을 하였던 곳이다. 원래 석가화상
(釋迦畵像) · 산왕화상(山王畵像) · 신중화상(神衆畵像) 등이 봉안
되어 있었는데, 1934년에 절도 당했다는 안타까운 소식이
〈동아일보(7.20일자)〉에 전하고 있다.

칠성각의 왼쪽 건너편 큰 절벽 위에는 우진각지붕의 의상
대(정면 3칸 측면 2칸)가 있다. 정면에는 툇마루가 놓여 있고,
그 위에는 '의상대'라는 편액이 걸려 있다. 이 건물은 한국
전쟁에도 불타지 않았으며, 내부에는 의상과 원효의 진영이

200

봉안되어 있다. 세월이 지나면서 건물이 퇴색된 것을 1992
년에 중건하였다고 한다.

| 함안 원효암 의상대 전경

의상대 앞쪽의 절벽 위에는 의상이 지팡이로 사용했다는
소나무가 한그루 있었다. 의상이 이곳에 지팡이를 꽂아두고
떠나면서 '이 소나무가 살면 내가 살아 있을 것이요 죽으면
내가 죽은 것으로 알라'는 말을 남겼다고 하였다. 그로부터
천년을 넘는 세월동안 푸르름을 잃지 않고 살던 소나무가 근
래에 갑자기 고사하여 현재는 둥치만 남아 있다. 또한 소나
무 아래 절벽 위에는 원래 원효탑이라 불리던 높이 1m의 고
려시대 3층 석탑이 있었으나 노송(老松)이 고사한 직후에 도
난을 당했다고 한다.

함안의 원효암은 원효나 의상에 의해 창건된 유구한 역사
를 지닌 것으로 전하지만 그것을 입증할 수 있는 기록이나
유물이 전하지 않아 아쉬움을 더한다. 잠시 앞쪽에 펼쳐진

군북 시내를 바라보며 마음의 여유를 취하여 본다.

2. 무릉도원에 깃든 장춘사

칠북의 무릉산 자락에는 통일신라인 815년(헌덕왕 7)에 창건되었다는 장춘사(長春寺)가 있다. 이곳은 무염(無染, 일부에서 무량)국사에 의해 창건되었단다. 그가 신라를 침범했던 왜적을 물리치자 왕이 보답으로 현재의 칠북면 영동리 무릉산 자락에 절을 창건했다고 한다. 호국사찰로 창건되었다는 장춘사는 창원에 있는 성주사와 창건전설이 거의 흡사하다. 하지만 무염이 장춘사를 창건했다는 것에는 몇 가지 의문이 있다. 먼저, 815년에 장춘사를 창건했다면 그가 출가하고 2년 뒤인 15살에 해당하는 시기로 과연 어린 나이에 그것이 가능했을까? 둘째 충남 보령의 성주사에 머물렀다는 그가 어떻게 창원지역에서 성주사 · 우곡사 · 성흥사 등의 여러 사찰을 창건할 수 있었는가하는 점이다. 혹시 후세에 사찰을 창건했던 사람들이 무염에게 가탁했던 것은 아닌가?

장춘사에는 사적기가 전하지 않음으로 창건이래의 상세한 사적을 살피는 것은 어렵다. 비록 고려시대에 조성된 석조약사여래좌상이나 5층 석탑이 있기는 하지만 처음부터 장춘사에 있었던 것인지도 알 수 없다. 특히 불상의 경우는 크기가 73㎝밖에 되지 않는 작은 것으로 얼마든지 옮기는 것이 가능하다.

조선시대가 되면 장춘사의 사세를 어느 정도 짐작할 수가 있다. 1530년(중종 25)에 조정에서 편찬한 『신증동국여지승람』권32 「칠원현」 '불우'조에는 무릉산에 천계사(天溪寺)와 더불어 장춘사가 기록되어 있다. 이것은 조정에서 공식적으로 전국 각지의 자료를 수집할 때 장춘사가 칠원현을 대표하는 사찰로 지역에서 일정한 명성을 가지고 있었던 것을 의미한다. 1750년대 초에도 『해동지도(海東地圖)』가 제작될 때 칠원현의 무릉산에는 천계사와 함께 장춘사가 표시될 정도로 일정한 사세를 유지하고 있었다. 1757~1765년에 편찬된 『여지도서』에서 천계사는 폐사가 되었지만 장춘사는 여전히 사세를 유지했던 것으로 보인다.

| 함안 장춘사의 전경

일제강점기를 거치면서 사세는 쇠퇴하여 한때는 폐사(廢寺)가 되기도 하였다. 그러다가 1970년대 말부터 중수가 이루어지면서 대웅전을 비롯한 당우들이 마련되어 현재에 이르고 있다.

장춘사의 탐방은 절골 소류지 근처에 차를 두고 잡목이 우거진 꼬불꼬불한 산길을 걸어가는 것이 좋다. 장춘사가 깃든 무릉산의 '무릉'은 동진(東晉)시대 문인인 도연명(陶淵明)이 「도화원기(桃花源記)」에서 묘사한 이상향이다. 칠원에서 무릉이란 지명이 사용된 것은 조선시대 함안 출신의 대학자였던 주세붕(周世鵬)에 의해서이다. 그는 지금의 칠서에 '무릉리'라는 마을 이름을 직접 지었다고 하는데 무릉산도 이것과 관련이 있는지 모르겠다.

나뭇잎 떨어진 가지 사이로 간간히 비치는 겨울 햇살을 받으며 한참을 오르면 멀리 장춘사가 눈에 들어온다. 대나무 울타리로 둘러싸인 장춘사 출입문은 맞배지붕의 일반 여염집 대문과 별반 차이가 없다. 대문에는 보행(普行)이라는 잘 알려지지 않은 수행자가 해서체로 '무릉산 장춘사'라고 적은 편액이 걸려 있다. 왼편에 '계해(癸亥)'라는 관지가 있는 것으로 보아 1983년인 것 같다. 대문짝 양쪽에는 금강역사의 그림이 그려져 있다. 또한 일주문의 대들보에는 '융희 2년 무신(隆熙二年 戊申)'이라는 글씨가 있는 것으로 보아 1908년에 상량이 있었는가 보다.

대문을 밀고 들어서면 바로 대웅전 앞마당이고, 그곳에는 사각뿔 모양의 석탑이 1기 서 있다. 원래는 5층이었지만 옮겨 오면서 한 층이 없어진 것 같다. 탑도 3~4기의 부재를 섞어서 복원한 것처럼 재질과 형식이 다르다. 2중 기단도 현재는 많이 훼손된 상태에 시멘트로 보수해 놓았다. 일반적인 탑신의 평면은 사각형인데 반해 이 탑신은 마름모꼴로 위로 올라갈수록 줄어드는 특징을 가지고 있다. 뿐만 아니라 1층의 몸돌은 8각형으로 만들어져 있어 나머지 몸돌과 다르다. 멀리서 볼 때 탑은 전체적으로 안정적이면서도 하늘로 솟은 날렵한 인상을 준다.

| 장춘사 대웅전과 5층탑

마당의 오른쪽에는 잘 쌓아 올린 축대 위에 팔작지붕의 대웅전(정면 3칸 측면 2칸)이 앉아 있다. 이것은 1979년에 이전부터 있던 건물터에 조선후기의 양식으로 중건한 것이다. 대웅전의 편액은 조선말쯤의 서체로 '완산 이인수 정여인(完山 李寅壽 定如印)'이라는 도서가 있다. 내부에는 원래의 석조 약사여래불좌상 대신에 최근에 조성한 금동 석가삼존불좌상을 봉안하고 있다. 불상과 보살상의 용모는 모두 비슷하다. 신체에는 호분(胡粉)이 칠해져 있고, 양쪽 협시보살의 보관은 금칠이 되어 있다. 또한 대웅전 오른쪽에는 사람도 들어설

수 없을 정도로 아주 작은 맞배지붕의 용왕각이 있는데, 내부에는 용왕탱이 모셔져 있다.

대웅전의 앞쪽에는 'ㄱ'자형의 법당 겸 다실(茶室)로 사용되는 요사채가 있다. 단청을 하지 않았지만 세월의 흔적이 절로 묻어난다. 건물의 앞쪽에는 툇마루가 마련되어 있어 탐방객들이 잠시 다리를 걸치고 쉴 수도 있다. 처마 밑과 툇마루 윗쪽에는 '무설전(無說殿)'이란 당호가 있고, 각 방 앞에는 '미소실(微笑室)', '무릉도원 사시장춘(武陵桃源四時長春)', '무릉산'이라는 편액이 걸려 있다. 무설전은 '관음전'의 다른 이름으로 내부에는 관세음보살좌상이 봉안되어 있는 법당이다.

무설전의 뒷편에는 최근에 만들어진 요사채가 있다. 역시 'ㄱ'자 모양으로 육화당(六和堂)이란 편액을 달고 있다. 그 오른쪽에는 팔작지붕의 조사전(정면 3칸 측면 2칸)이 있다. 조사전은 툇마루를 가진 일반 한옥의 형식으로 단청도 없다. 내부에는 창건주라고 전하는 무염국사의 진영을 모시고 있다.

조사전 뒤쪽의 언덕 위에는 최근에 건립된 약사전(정면 1칸 측면 1칸)이 있다. 내부에는 원래 대웅전에서 봉안했던 석조약사여래좌상이 있다. 불상과 배 모양의 광배가 하나의 돌에 조성되어 있다. 1978년에 개금(蓋金)을 했지만 석재 특유의 소박함을 느낄 수 없어 아쉽다. 화려한 것이 다 좋은 것은 아니련만 개금함으로써 불상을 더욱 어색하게 만든 것은 아닌가? 왼손은 약합(藥盒)을 받쳐 들고 오른손은 항마촉지인을 한 것이 통일신라의 양식을 따른 고려시대의 불상으로 평가되고 있다. 도식적인 연꽃무늬의 두광(頭光)과 잘록한

허리에 우람한 가슴이 잘 표현되고 있다. 또한 외부 벽면에는 중국에서 위조되어진『부모은중경』에 근거하여 '나를 잉태하고 지켜 주신 은혜[懷耽守護恩]'부터 '끝까지 가련히 여기고 사랑해 주시는 은혜[究竟憐愍恩]'에 이르기까지 다양한 벽화를 그려 놓았다.

| 장춘사 약사전 석조여래좌상

그 옆의 산신각까지 둘러보고 다시 대웅전 앞마당으로 내려오면 무설전 앞에는 잘 다듬어진 나지막한 소나무가 한 그루 있다. 그 아래는 목을 축일 수 있도록 앉은뱅이 절구에 약수물이 졸졸 흐르고 있다. 장춘사의 약수는 창건주인 무염이 제자의 질병을 구제하기 위하여 찾아낸 것이라고 전한다. 근래에는 한국 100대 약수 가운데 한곳으로 선정될 정도로 명성이 있으니, 잠시 목을 축이고 다시 삶의 터전인 세속으로 돌아 나온다.

207

15

장유화상의 자취가 어린 곳,
장유사와 은하사

김해는 낙동강유역의 넓은 평야지대를 근거로 일찍부터 수준 높은 문화를 꽃 피웠다. 이곳은 수로왕이 가락국을 건립하여 가야연맹체의 중심이 되었을 뿐 아니라 아유타국의 허황옥(許黃玉)이 도래하여 토착민과 조화를 이루며 살았던 개방적인 교역의 도시였다. 한국불교가 중국을 통해서 전해진 북방의 대승불교라는 통설과 달리 이 지역에서는 일찍부터 허왕후 혹은 그의 오라비인 장유화상을 통해 남방불교가 성행하였다고 한다. 지금도 김해지역의 장유사(長遊寺)·은하사(銀河寺)·모은암(母恩庵)·영구암(靈龜庵)·해은사(海恩寺) 등을 포함한 많은 전통사찰은 수로왕이나 허왕후, 혹은 장유화상과 관련된 창건설화를 가지고 있다.

1. 장유불반(長遊不返)의 장유사

장유사는 허황옥과 함께 가락국으로 왔던 장유화상 허보옥(許寶玉)이 창건했다고 한다. 그는 말년에 지리산으로 들어가기 전까지 장유사에 머물며 수행하고 수로왕의 7왕자를 득도시키고 성불시켰다고 전한다. 한편으로 가락국 질지왕(銍知王)은 허왕후의 명복을 빌기 위하여 452년(壬辰)에 수로왕과 허왕후가 결혼한 곳에 왕후사를 세우고 인근의 평전 10결을 삼보의 비용으로 삼게 하였다. 하지만 당시 장유사의 존재 여부에 대해서는 언급하지 않았다.

장유사에 대한 최초의 언급은 그로부터 800여년 후인『삼국유사』권2의 「가락국기」에 있다. 장유사는 왕후사가 생긴

지 5백년 후인 고려초기에 창건되었다. 그곳은 장유사에 소속된 전시(田柴) 300결 내의 동남쪽에 있었는데 폐사(廢寺)시켜 장유사의 장(莊)으로 삼았다는 것이다. 허왕후가 아유타국에서 가져와 그 동안 왕후사에 봉안되었다고 추정되는 파사석탑도 이 때 호계사(虎溪寺)로 이건(移建)되었던 것으로 보인다.

| 장유사 전경

고려초기에 장유사가 창건되고부터 조선전기에 이르기까지 많은 수도승이 모여들었다. 1469년에 편찬된 『경상도속찬지리지(慶尙道續撰地理誌)』에서는 당시 김해부사였던 이맹현(李孟賢)이 '불모산의 장유사는 선종(禪宗)에 속한다'고 언급하였다고 전한다. 이것은 조선초기에 장유사가 어떤 성격의 사찰이었는지를 밝히는 것이다. 임진왜란 때 장유사는 소실되었지만 이후로 운파(雲坡)·영담(映潭)·우담(雨潭)·만허(萬虛) 등을 거치면서 중수되어 계속하여 명맥을 유지하였다.

일제강점기인 1915년에는 '장유암 정로(長遊庵正路)'라는
비석을 세웠는데, 현재 대청계곡 입구의 인공으로 만든 장
유폭포 근처에 있다. 또한 경내의 사리탑 옆에는 장유암 주
지인 선포담(宣布潭)에 의해 「가락국사 장유화상 기적비(駕洛
國師長遊和尚紀蹟碑)」가 세워졌다. 이 비문은 수로왕릉의 숭선
전(崇善殿) 참봉인 허식(許湜)이 짓는 것이다. 정로비는 장유
사가 재건되었다는 것을, 기적비는 장유암의 연혁을 잘 전
해주고 있다.

일제강점기인 1931년부터 1935년까지는 법당과 동·서
요사채가 중건되었다. 한국전쟁으로 가람이 전소되었지만
1955년에 「장유사 전각 사적비」가 세워진 것을 보면 이 때
여러 전각이 중건된 것을 알 수 있다. 그 후로 1982년에는
인법당·염불당·칠성각·종각 등을, 1994년에는 대웅전
과 삼성각을, 1998년에는 범종각을 신축하여 현재에 이르
고 있다.

장유사의 탐방은 대청계곡 입구의 최근에 만든 장유폭포
에서 시작하는 것이 좋다. 1시간 정도 산길을 즐기면서 쉬
엄쉬엄 오르면 계곡의 맑은 물소리를 들을 수 있고, 지금은
사람들이 잘 알지 못하는 원래의 장유폭포도 볼 수 있다. 몇
구비의 산자락을 돌고 넘으면 청동지장대불과 천왕문 겸 범
종루가 보인다. 청동지장대불은 최근에 조성되었는데 크기
도 그렇지만 황금색도 주변의 자연과 조화를 이루지 못하여
어색한 감이 없지 않다. 그 옆에는 도로개설기념비나 공덕
비도 몇 기 모아 놓았는데 너무 드러내고자 하는 것 같다.

사천왕문은 팔작지붕에 2층의 누각형식이다. 1층에는 한쪽에 2구씩 사천왕상이 봉안되어 있고, 2층에는 범종을 포함한 4물(四物)이 갖추어져 있다. 최근에 보수되어서인지 아직까지 천왕문 혹은 범종각이라는 편액을 걸지 않고 있다. 천왕문을 들어서면 앞에 잔돌이 깔린 넓은 대웅전 앞마당이 있다. 대웅전에 들어가기 전에 발밑의 장유계곡과 율하신도시, 김해평야 저편의 김해와 부산으로 펼쳐지는 멋진 풍광을 즐길 수 있다.

| 장유사에서 본 김해와 부산

높은 축대 위에는 1994년에 신축한 팔작지붕의 대웅전(정면 5칸 측면 3칸)이 자리하고 있다. 대웅전의 용마루에는 2마리의 용이 비늘까지 섬세하게 표현되어 있다. 화려한 꽃 문양으로 치장한 대웅전의 문짝은 분위기를 더욱 산뜻하게 해 준다. 가장자리 문의 창살은 매·난·국·죽(梅蘭菊竹)의 사군

자를 새겨서 품격을 더해주고 있다. 대웅전 내부에는 근래에 조성한 금동 석가삼존불이 봉안되어 있다. 가운데 석가모니불은 도상적인 표현이 아니라 인간의 육체를 사실적으로 드러내고 있다.

대웅전의 왼쪽으로는 맞배지붕의 요사와 2층의 행선실(行禪室)이 있다. 요사채 뒤쪽으로 높은 계단 위에는 팔작지붕을 한 2층의 삼성각(정면 3칸 측면 2칸)이 있다. 1층의 벽면에는 사천왕상이 그려져 있는데 아마 현재의 대웅전을 신축하기전에 법당으로 사용했던 곳으로 보인다. 내부에는 삼성(三聖)의 탱화와 장유암의 창건주라고 전하는 장유화상의 진영이 봉안되어 있다.

| 장유사 장유화상 사리탑

삼성각 계단을 내려와 대웅전 뒤쪽으로 돌아서면 큰 전나무 아래 장유화상의 사리탑과 「가락국사 장유화상 기적비」가 있다. 사리탑을 설명하는 입간판에는 가락국의 8대 왕인

질지왕이 가람을 중건할 때 세워졌지만 세월의 풍파 속에 훼손되어 여말선초에 중수했다고 한다. 사리탑을 보호하기 위하여 석재 난간을 설치하고, '가락국사 장유화상', '사리탑 봉안지 정문'이라는 돌기둥을 세워 두었다. 그 옆에는 기적비가 있었지만 뒤편에 기록된 내용은 이미 풍파에 심하게 마모되어 육안으로 확인할 수 없었다.

장유사는 남방불교의 초전지이자 가야불교의 발원지라는 명성에 비해서 전하는 유적이나 사적이 전무하다시피 하여 많은 아쉬움을 남겼다.

2. 쌍어문이 있는 신어산의 은하사

신어산(神魚山)는 풍수 · 지리적으로 볼 때 아홉 마리의 용이 여의주를 다투는 형국[九龍爭珠形局]이다. '신어'라는 지명은 아유타국을 상징하는 물고기[거북이]를 의미한다. 이 산자락에는 장유화상이 창건했다는 여러 사암(寺庵)이 있는데 은하사도 그 가운데 한곳이라고 한다. 은하사는 장유화상이 42년(후한 광무제 건무 18)에 창건했다지만 임진왜란 이전까지의 사세는 확인할 길이 없다.

임진왜란 이후인 1629년(인조 7)부터 은하사의 대웅전이 중창되기 시작하였다. 1688년(숙종 14)에는 시왕전(十王殿)이 세워지고 16나한상이 조성되었다. 1761년에는 시왕전의 중수가 있었고, 1797년과 1812년에는 취운루(翠雲樓)의 중수가 있었다. 1801년에는 대웅전의 중창이 있었고, 1831년에는 「본사 불망기서문(本寺不忘記序文)」이 편찬되었다.

1866년에는 청량암(淸凉庵)의 중수가 있었다. 현재 은하사에는 이상의 사실들을 입증할 수 있는 현판과 기록이 보관되어 있다. 이를 통해서 연혁을 재구성해 보면 시왕전이 건립되는 1689년에는 '소금강사(小金剛寺)'라는 사명(寺名)이 사용되었다. 그러다 1753년(영조 29)에 법고가 조성될 때는 '서림사(西林寺)'라는 사명이 사용되었고, 법고가 수리되는 1799년(정조 23)에는 은하사라는 사명이 사용되면서 얼마간 서림사와 병용되었다.

일제강점기인 1932년·1938년에도 사찰의 중수가 있었고, 해방 후에도 여러 차례 사찰이 중수되면서 오늘에 이르고 있다.

| 신어산과 대웅전 전경

은하사의 입구에는 4곳의 공영주차장이 있는데 탐방은 어느 곳에서 시작해도 무방하다. 은하사의 가람은 3개의 영역

으로 나눌 수 있다. 먼저 하단 영역은 맞배지붕의 산문(정면 3칸, 측면 2칸)과 맞배지붕의 커다란 요사를 포함한 그 아랫부분이다. 주차장에서 시작하여 관세음보살 입상이 서 있는 연밭을 가로지르는 반야교를 건너 계단을 올라 산문으로 나아갈 수 있다. 최근에 만들어진 반야교의 바닥에는 귀여운 물고기 두 마리가 새겨져 있는데, 쌍어문을 표현함으로써 은하사의 연원을 장유화상 혹은 가야불교로까지 소급하고자 하는 것 같다. 1996년에 중수된 산문의 기둥은 껍질만 벗긴 나무를 그대로 사용하여 자연미를 최대한 살리려고 하였다.

중단 영역은 하단에서 높은 축대를 쌓아 올려 마련한 공간이다. 설법을 하기 위한 2층의 보제루(普濟樓, 정면 7칸 측면 3칸)와 2층의 범종루(정면 3칸 측면 3칸)가 핵심 당우이다. 범종루 기둥도 중문과 마찬가지로 껍질만 벗긴 나무를 그대로 사용하여 인공미를 최대한 줄이려고 하였다. 또한 사물(四物) 가운데 목어에는 '신어'의 표현으로 하나의 몸통에 세 개의 머리를 가진 거북이를 조각해 놓아 재미를 더하고 있다. 그 외에도 자연석 바위 위에는 5층 석탑이 있다. 이것은 훼손된 몇 기의 석탑 잔재를 커다란 자연석을 기단으로 삼아 다시 쌓아 놓았는데, 조성 연대는 짐작하기 어렵다.

상단 영역은 넓은 돌계단을 통해 높은 축대를 올라야 하는데, 핵심 당우는 대웅전·명부전·취운루 등이다. 대웅전 앞마당의 왼쪽으로는 명부전(정면 3칸 측면 2칸)이 있다. 금동지장보살좌상을 봉안하고 있는 명부전은 1986년에 시왕전(十王殿)을 해체 복원한 것이다. 복원 당시에 18세기 때 조성한 것으로 추정되는 '반야용선도(般若龍船圖)'와 '나한도'의 벽화가 발견되어 세간에 주목을 받기도 하였다. 반야용선도는 서방정토를 주관하는 아미타여래가 주존불이고, 좌우에는 관세음보살과 대세지보살이 협시하여 많은 중생들을 피안으로 인도하는 모습이다. 현재에도 명부전의 수미단에는 반야용선도 뿐 아니라 지옥의 다양한 모습을 조각해 놓아 중생들을 교화하고 있다.

정면으로 마당의 끝자락 높은 축대 위에는 1644년에 중건한 대웅전(정면 3칸 측면 3칸)이 있다. 일반적으로 대웅전은 장엄성을 더하기 위하여 팔작지붕 양식을 많이 사용한다. 하지만 이곳에서는 맞배지붕의 양식을 사용 하였으며, 정사각형의 평면을 차지하는 것이 특징이다. 원래 내부의 수미단에는 아유타국 혹은 장유화상과 관련한 신어(神魚) 무늬가 있었지만 최근에 도난당했다고 전한다. 최근 전국의 사찰에서 불교 문화재가 도난당하고 훼손당하는 것이 비일비재한데 은하사 역시 예외가 아니었다. 하지만 대웅전의 내벽 및 기둥 전체에는 삼세불·보살상 등의 벽화와 용머리에 물고기 몸통으로 표현된 '신어'를 비롯한 다양한 그림들이 세월의 흔적을 고스란히 간직하고 있다. 그 가운데 17세기의 양식을 취하는 목조 관세음보살좌상이 봉안되어 있으니, 여유를 가지고 찬찬히 살펴볼만 하다.

대웅전의 왼쪽으로는 삼성각이 있는데, 내부에는 삼성과 함께 창건주인 장유화상의 진영도 봉안되어 있다. 대웅전의 오른쪽으로는 'ㄱ'자형의 팔작지붕인 취운루(翠雲樓)가 있다.

취운루의 처마 아래는 서림사 · 정현당(靜玄堂) 등 다양한 편액이 함께 걸려 있으니 은하사의 역사를 짐작해 볼 수 있다.

| 은하사 취운루

3. 장유화상이 가락국에 불교를

장유화상은 허황옥과 남매로 그녀를 호위하여 멀리 인도의 아유타국으로부터 가락국으로 왔다고 알려져 있다. 그들이 바다를 건너고자 할 때 해신(海神)이 노하자 그것을 잠재우기 위하여 5층의 석탑을 싣고 왔다는데 현재 수로왕릉의 파사각에 보존되어 있다. 파사석탑에 대해서는 『삼국유사』나 『신증동국여지승람』 등에 일찍부터 전하고 있다.

장유화상은 수로왕의 명을 받들어 김해의 은하사, 부산의 명월사(明月寺) 등을 창건하여 불교를 널리 전파하였다고 전한다. 그 후로 장유사에서 수로왕의 자문에 응했을 뿐 아니라 7왕자를 출가시켜 오랫동안 함께 머물러 수행하였다. 만년에는 다시 방장산으로 입산하여 수행함으로써 결국 7왕자를 성불 시켰는데, 그곳이 현재 하동의 칠불사라고 전한다.

이렇게 전하는 이야기들과 달리 『삼국유사』에는 장유사와 관련한 내용은 보이지만 '장유(長遊)화상'과 관련한 내용은 보이지 않는다. 이로 말미암아 장유화상이 실존 인물이 아니라 조선후기에 가공된 것으로 보는 사람들도 많다.

먼저, '장유화상'이란 명칭이 처음으로 보이는 곳은 1708년에 명월사의 승려 증원(證元)이 찬술했다는 「명월사 사적비문(明月寺史蹟碑文)」이다. 그는 비문에서 불사를 중창하면서 '건강원년 갑신(建康元年, 144)'이란 명문의 기와조각을 얻었는데, 이것은 장유화상이 불법을 널리 전파할 때 창건한 가람터의 증거라고 하였다. 장유화상이 도래하고 거의 1600여년 동안 보이지 않던 이름이 증원의 비문에서 처음으로 등장하는 것은 무엇 때문인가? 비문을 찬술했던 증원이 장유화상이란 인물을 가공했기 때문인가, 아니면 「가락국기」와는 다른 계통의 자료를 활용했기 때문인가?

또한 1812년에 찬술된 은하사의 「취운루 중수기」에서는 장유화상을 허왕후의 '오빠'로 언급하고 있다. 여기서는 「명월사 사적비문」에도 보이지 않는 장유화상과 허왕후가 남매 관계라는 사실이 처음으로 나타나고 있다. 반면에 수로왕릉의 숭선전 참봉인 허식이 짓고, 1915년에 장유암 주지 선포담이 건립한 「가락국사 장유화상 기적비」에서는 장유화상을 허왕후의 '동생'으로 기술하고 있다.

이 자료들을 분석해 보면, 장유화상과 관련된 전승은 18

세기에 「명월사 사적비문」이 찬술되기 이전의 어느 시기에 만들어져서 유포되었을 가능성이 많다. 하지만 『삼국유사』에 장유사라는 사명이 보이는 것, 장유라는 지명이 장유화상의 '장유불반(長遊不返)'에서 유래한 것, 김해지역에 장유화상에 의해 창건되었다는 사찰이 많은 것 등을 감안하면 장유화상과 장유사 혹은 김해지역 사찰과 관련에 대해서는 좀 더 깊이 고찰할 필요가 있다.

| 가락국사 장유화상 기적비

16

전통사찰이 드문 거제,
세진암

거제(巨濟)는 한반도에서 제주도 다음으로 큰 섬으로 경남 남해안의 중심부에 위치한다. 이곳은 일찍이 소가야·금관가야에 예속되어 있다가 677년(문무왕 17)에 상군(裳郡)으로 개칭되었고, 757년(경덕왕 16)에 다시 거제군으로 변경 되었다. 그 뒤로 기성현(983)·제창군(1414)으로 개칭되었다가 1423년부터 거제현으로 변경되면서 '거제'라는 명칭이 계속하여 사용되고 있다.

일찍부터 사람들이 거주한 거제에 불교가 언제부터 시작되었는지 전하는 자료는 없다. 다만 거제의 진산인 계룡산(566m) 아래 '뒷메'에 세진암(洗塵庵)의 전신이 있었는데 '빈대가 많아 잡으려고 하다가 화재가 발생'하여 가람이 소실되었다고 전할 뿐이다. 현재는 옛절의 위치를 확인할 수 없고, 사적기가 없기 때문에 그 중간에 있었던 사세(寺勢)의 변화도 알 수 없다. 다만 1902년에 현재의 위치로 이건 되었다고 전해진다. 1928년 7월 15일자 〈동아일보〉에는 "세진암은 타벌엿고"라고 당시 상황을 전하고 있다. 이후 중창 불사를 거쳐 세진암은 현재 거제를 대표하는 전통사찰이 되었다.

가람은 범종루와 사천왕문을 겸한 일주문, 대웅전, 용왕각과 요사채 등으로 이루어져 있다. 팔작지붕의 일주문(정면 3칸)은 2층으로 처마에는 '계룡산 세진암(鷄龍山 洗塵庵)'이란 사액이 걸려 있다. 1층 정면 벽에는 금강역사상이 그려져 있고, 내부에는 사천왕상이 조성되어 있다. 뒤쪽 벽면에는 흰코끼리를 탄 보현보살과 푸른 사자를 탄 문수보살이 그려져 있다.

앞마당의 끝자락 높은 축대 위에는 팔작지붕의 대웅전(정면 5칸 측면 3칸)이 있다. 근래에 화려한 닫집과 후불탱이 조성되었고, 수미단 앞쪽의 기둥에는 청룡과 황룡이 마주보고 있다. 수미단 위에는 '목조 여래삼존불상(경상남도 문화재 자료 325호)'이 있다. 복장의 발원문에 의하면 1703년(강희 42, 숙종 29) 5월에 와룡산의 심적암(深寂庵)에서 조성된 것을 알 수 있다. 향나무를 깎아서 만든 것을 1991년에 개금했는데, 50여㎝ 정도 크기의 소규모이다. 이 불상들은 머리·몸·팔다리 등 신체의 각 부위가 따로 만들어진 상태에서 합쳐진 것이다. 이 불상들은 17세기 말에서 18세기 초에 활동했던 조각승 수일(守一)의 주도도 조성되었다고 전한다.

| 거제 세진암의 대웅전

삼존불이 앉아 있는 방형 대좌는 후대에 조성된 것으로 화려한 부조의 문양에 불상과 마찬가지로 개금되어져 있다. 본존불은 아미타불 하품중생인(下品中生印)의 수인을 취하고 있는 아미타불이다. 양쪽의 협시보살은 오른쪽이 관음보살이고, 왼쪽이 대세지보살로 크기와 형식에서 본존불과 대동소이하다. 두 보살의 머리에 있는 보관은 후대에 조성된 것으로 추정된다. 이 협시보살상은 2009년 6월에 도난당했다가 겨우 회수되었다고 전한다. 현재는 불상을 보호하기 위해서인지 유리창이 설치되어져 있어 불상들의 답답함을 피할 수는 없을 것 같다.

대웅전의 오른쪽 뒤편에는 맞배지붕의 용왕각(정면 1칸)이 있는데, 2004년에 건립되었다. 다른 지역의 사찰에는 대부분 산신각이 있지만 거제는 섬이기 때문인지 용왕각이 독립적으로 조성되어져 있다. 내부에는 정면이 아닌 오른쪽 벽에 대웅전과 마찬가지로 황룡과 청룡이 기둥을 감싸고 그 중간에 용왕이 앉은 모습의 용왕탱이 봉안되어져 있다.

비록 거제는 한반도에서 두 번째로 큰 섬이지만 전통사찰은 세진암 밖에 없어 무엇인지 허전함이 남는다. 하지만 바로 옆에 우암 송시열을 기리기 위한 반곡(盤谷)서원이 있고, 뒷산에는 1873년 거제부사였던 송희승(宋熙昇)이 왜적을 방어하기 위해 쌓았던 옥산성지(玉山城址, 둘레 778m)가 있으니 함께 둘러보면 아쉬움을 조금이나마 줄일 수 있을 것이다.

| 거제 세진암 옆의 반곡서원

17

한려수도 보물섬에 웅크리고 앉은
호구산 용문사

한반도에서 다섯번째로 큰 섬인 남해도는 한려수도로 지정될 정도로 빼어난 풍광을 감추고 있어 일찍부터 신선들이 사는 섬[일점선도(一點仙島)]으로 불려졌다. 1973년에는 남해대교가, 1980년도에는 창선대교가 개통되면서 지리적인 제약을 벗어날 수 있어 많은 탐방객이 찾아들어 곳곳의 비경을 즐기고 있다. 망운산·호구산·금산을 오르면 눈 아래 펼쳐진 바다가 답답한 마음을 풀어주고, 그 속에 깃든 용문사·화방사·보리암 등은 그 마음을 포근하게 감싸 준다.

1. 용문사는 보광사를 끌어안고

용문사(龍門寺)는 802년(애장왕)에 창건되었다고 전하지만 임진왜란 이전까지는 그 연혁이 분명하지 않다. 임진왜란 때 왜적의 침입으로 용문사가 불탔다고 하지만 그것도 현재의 위치가 아니라 남해향교 근처에 있었던 것이라 생각된다. 1660년(현종 1)에 남해향교의 유생들이 향교가 사찰과 함께 있을 수 없다고 이전할 것을 요구하였다. 이에 백월 학섬(白月 學暹)이 현재의 호구산(虎丘山, 626.7m)의 남쪽 기슭인 용소 위에 터를 잡고 선당(禪堂) 2채를 먼저 세웠다고 전한다. 이것은 지금의 용문사가 임진왜란 이전의 사찰과 동일하지 않다는 것을 말해 준다. 1661년에는 백월이 남해 금산(錦山)에 폐사가 되어가던 보광사(普光寺)의 당우들을 이전하였고, 1666년에는 세염 일향(洗染 一香)이 대웅전을 완성하면서 용문사라고 칭하였다고 전한다. 원래 보광사는 663년에 원효가 금산에 세웠던 것이기 때문에 일부 사람들은 용

230

문사가 보광사의 후신이라고 하지만 엄밀히 말하면 보광사
는 용문사에 스며들어간 것이다.

| 용문사 전경

호구산은 일명 '납[猿]산'으로 불린다. 산의 이름은 산세가
호랑이가 누워 있는 형상과 닮았다고 하는 설과 지리산의 호
랑이가 건너와 살았기 때문이라고 하는 설이 있다. 용문사
로 이주하기 이전의 승려들이 임진왜란 때 의승군(義僧軍)을
조직하여 왜군과 용감하게 싸웠기 때문에 현재의 위치로 이
주하고 난 뒤인 숙종 때는 그 공로가 인정되어져 '수국사(守
國寺)'로 지정을 받았다고 한다. 현재 용문사에 남아 있는 삼
혈총통(三穴銃筒)은 승려들이 승군으로 참전했던 것을 반영해
준다. 또한 축원당에 내걸었던 번(幡)과 수국사금폐(守國寺禁
牌)·봉산수호패(封山守護牌)는 조정에서 특권을 인정받았던
것을 말해준다. 이로 말미암아 용문사는 숙종 이래로 국가

231

의 안녕을 기원하는 위패를 모시는 호국사찰로서 사격(寺格)이 격상되어졌고, 각별히 조정의 비호를 받는 곳이 되었다.

그 결과 용문사는 1702년(숙종 28)에는 맞배지붕의 천왕각을 창건하고, 1703년에는 낡은 대웅전을 중수하였고, 1708년에는 염불암·관음암 등을 중수하는 등 계속하여 불사를 진행하였다. 뿐만 아니라 1707년에는 인조 때 학자였던 촌은 유희경(村隱 劉希慶, 1545~1636)의 문집인 『촌은집(村隱集, 3권 2책)』을 독자적으로 조판(彫板)할 수 있을 정도로 사세(寺勢)가 확장되고 있었다. 현재 용문사에는 당시 직접 제작했던 52장의 판목(板木)이 보존되어 있다. 그 후로도 부속 암자인 염불암(念佛庵)이 1709년(숙종 35)에 중창되고, 백련암(白蓮庵)이 1751년(영조 27)에 중창되었다.

2. 호랑이 등줄기에 앉은 용문사

'호구산 용문사(虎丘山 龍門寺)'의 편액을 내걸은 일주문에서 사찰 탐방이 시작된다. 일주문 바로 옆에는 인조 때 학자 유희경이 용문사를 읊조린 시비(詩碑)가 숨겨져 있어 무심코 지나치기 쉽다.

비가 오려는지 하늘은 낮게 가라앉고(雨欲來時天欲低)
산사는 아득히 석문 서쪽에 자리했네(招提遙在石門西)
스님을 찾아 점점 영원 깊이 들어가니(尋師漸入靈源邃)
골짜기 연무 자욱하니 오솔길 아련하네(滿壑風烟一逕迷)
                        － 유희경, 『촌은집』「용문사」

비 내리기 직전에 산골짜기 곳곳에 연무가 자욱하게 내려 앉는 선경(仙境)을 잘 묘사하고 있다. 오솔길을 따라 올라가면 오른편 언덕 위에는 조선후기 이래로 용문사를 거쳐 갔던 승려들의 부도가 모여 있어 용문사의 역사를 살펴볼 수 있다. 천왕각의 바로 앞에는 앙증맞게 생긴 작은 전각이 하나 있는데 목장승을 보호하기 위한 것이다. 일반적으로 사찰에서는 경계나 비보(裨補) 등을 위해서 석(石)장승을 많이 세우지만 이곳에서는 벽송사와 마찬가지로 목(木)장승이 세워져 있다. 지금의 장승은 많이 훼손되기도 했거니와 제작 기법도 벽송사의 수준에는 미치지 못하는 것 같다.

최근에 조성된 다리로 좁은 개울 건너면 천왕각(정면3칸 측면 2칸)이다. 1702년(숙종 28)에 건립된 것으로, 다른 절에서는 사천왕들이 대부분 마귀를 밟고 있지만 이곳에서는 탐관오리를 짓밟고 있다. 숭유억불의 조선사회에서 부정한 양반이나 관리에 대해 이처럼 사실적으로 묘사할 수 있었다는 것에 놀라울 따름이다. 이것은 숙종 이래로 용문사가 수국사로 지정되어 조정의 비호를 받게 되자 더 이상 지방의 관청이나 재지세족(在地勢族)의 수탈로부터 벗어났기 때문에 가능했을 것이다.

천왕각 뒤편의 작은 다리를 다시 건너면 1833년 중창한 것으로 전하는 2층 기단 위의 봉서루(鳳棲樓, 정면 7칸 측면 4칸)가 최근에 정비를 마쳤다. 이곳은 대웅전 · 천왕각과 동일한 축선상에 위치하면서 강당으로 사용된 곳이다. 누각 아래는 1천명의 밥을 담을 수 있는 나무 재질의 밥구시가 있는데 임진왜란 때 승병들이 사용했던 밥통이라고 한다. 주위에는 돌절구통과 맷돌이 몇 개 놓여 있다.

| 천왕문에서 바라본 봉서루

봉서루 밑의 계단을 오르면 대웅전 앞마당이 나타난다. 그 끝자락에는 야외 행사 때 괘불을 걸도록 하는 괘불대가 1쌍 있다. 2층의 높은 축대 계단을 오르면 팔작지붕의 대웅전(정면 3칸 측면 3칸)이 당당하게 버티고 서 있다. 대웅전은 기둥머리 장식물이 커서 처마의 돌출이 심하고 지붕이 웅장하게 보인다. 그 결과 몸체에 비해 처마가 상대적으로 장대하여 처지는 것을 방지하기 위해 사방에 활주(-柱)를 받쳐 놓았는데 그것도 하나의 장식품으로 잘 어울린다. '용문'이라는 사명(寺名)을 반영이라도 하듯이 외부 정면의 중앙 기둥 위와 내부의 보머리에는 용머리와 봉황의 장식이 장엄함을 더하고 있다. 대웅전의 반자에는 바닷가 건물에 어울리는 거북·

게 · 물고기 · 해초 등이 잘 표현되어 있다. 대웅전은 전체적으로 볼 때 화려하면서도 장엄함을 잘 드러내고 있다. 단청은 세월의 풍상으로 퇴색하여 고졸한 멋을 더해 준다. 조선 후기에 제작된 '대웅전'이란 편액을 달고 있으며, 구하(九河)가 적은 주련도 매달려 있다. 대웅전에는 목조 아미타삼존불이 주불로 봉안되어 있다. 왼편에는 관음보살을, 오른편에는 대세지보살을 두었는데 모두 17세기 경에 조성된 것으로 개금되어 있다. 삼존불에는 본래 모두 복장 유물이 있었는데 대부분이 도난당했다.

| 봉서루 계단에서 본 대웅전

대웅전의 오른쪽에는 19세기에 지어진 것으로 추정되는 맞배지붕의 명부전(정면 3칸 측면 2칸)이 있다. 내부에는 목조 지장보살과 시왕상을 봉안하고 있다. 이 조상(彫像)들은 1678년(숙종 4)에 지현(智玄)이 만들었던 것이다. 명부전 뒤

235

편에 낮은 돌 축대 위에는 맞배지붕을 한 작은 용화전(정면 측
면 각각 1칸)이 있다. 옆으로는 세심하게 배수로를 설치하였
고, 그 밖으로는 돌 축대를 쌓아 두고 있다. 내부에는 약사
불이 있는데 원래는 석불이었지만 현재는 백호분이 칠해져
있다. 고려 중기에 제작된 것 같은데, 임진왜란 후에 중창
불사를 하면서 마당에서 발견되었다고 전한다. 예로부터 이
불상은 미륵보살로 알려져서 용화전에 안치되어져 온다.

| 용화전의 석불

임진왜란 이전의 용문사 연혁을 알 수 있는 자료는 많지
않다. 그래도 현재 용문사에는 1776년에 유명규(柳明奎)가
지었다는 「용문사 중창기」를 포함하여 20여 매의 현판과 편
액이 보관되어 있어 용문사의 연혁을 살피는데 도움이 된
다. 또한 『만년통고(萬年通考, 2책)』와 『복전집(福田集, 3책)』과
같은 필사본 전적도 전승되고 있다. 이 두 자료에는 1704

년(숙종 30)부터 1956년까지 용문사 승려들의 변동과 주요 사건, 시주자이 명단과 물목 등이 기록되어 있어 조선후기 용문사의 현황을 잘 알려주고 있다.

용문사에는 야외에서 개최되는 각종 재회 때 사용하기 위해 제작했던 대형의 '남해 용문사 괘불탱(南海龍門寺掛佛幀, 865.5＊585㎝, 보물 1446호)'이 보관되어 있다. 1769년에 쾌윤(快玧) 등이 제작에 참여했던 이 괘불은 석가삼존으로 이루어져 있다. 괘불도는 보물로 지정되고 난 후 복원을 거쳐 2014년 11월에 점안식이 개최되면서 40여년만에 일반에 공개되었다. 지금도 대웅전 뒤편에는 괘불을 걸 때 사용했던 목재가 보관되어 있는 것을 확인할 수 있다.

용문사의 탐방을 마치고 내려오는 길에 공용주차장 뒤쪽에 있는 서포 김만중(西浦 金萬重, 1637~1692)의 조상(彫像)과 시비(詩碑)를 감상할 수 있다. 그는 말년에 남해에 유배되어 한국문학사에 기념비적인 많은 작품을 남겼다. 하지만 그 중에는 당쟁의 소용돌이 속에서 풍비박산 난 가족을 그리는 작품도 있다.

용문산 위에는 한 뿌리서 난 나무가 있어(龍門山上同根樹)
가지 줄기 꺾이어 죽고 살기 반반일세(枝柯摧頹半死生)
산 가지는 바람 서리 가만두지 않고(生者風霜不相貸)
죽은 것도 도끼와 낫 날마다 찍어대네(死猶斧斤日丁丁)
……
어머님 팔십 연세 돌볼 이 하나 없으니(母年八十無人將)

237

이승 저승 머금은 한 어느 때나 그칠까(幽明飮恨何時歇)
　　　　　김만중, 「남해 유배지 집에 고목과 죽림이 있는데,
　마음에 느끼는 바를 시로 쓰다[南海謫舍有古木竹林有感于心作詩]」

　그는 기사환국(己巳換局, 1689)으로 남해에 유배되었다. 이
작품에서는 한 부모에게서 태어났지만 먼저 죽은 형인 김만
기(金萬基)를 애도하고, 남해 각 섬으로 친족이 유배되면서
홀로 남겨진 어머니를 염려하는 애절함이 묻어나고 있다.
애달파하는 인걸은 떠났지만 오늘도 용문사 앞에 펼쳐진 남
쪽 바다는 변함없이 출렁이고 있다.

　남해도는 기다란 해안선 곳곳에 해수욕장이 펼쳐져 있고
풍광이 수려한 명산이 많아서 산과 바다를 함께 즐길 수 있
다. 또한 다른 섬들과 달리 물산이 풍부하여 보물섬으로 불
린다. 여름철의 피서객들 뿐 아니라 사시사철 산행을 즐기
려는 많은 인파가 전국에서 몰려드는데, 용문사도 그 중의
한곳이다. 찬 바람이 불어올 때 남해를 찾으면 남해도 '삼자
(三子)'로 유명한 유자차의 달콤함을 맛볼 수 있어 더욱 좋을
것이다.

18

호국 영령이 깃든
재약산 표충사

밀양(密陽)하면 임진왜란 때 승병장 사명당 유정(四溟堂 惟政), 남천 강변의 영남루가 잘 알려져 있다. 조금 더 아는 사람이라면 여말선초의 명현이었던 춘정 변계량(春亭 卞季良)이나 영남 사림(士林)의 으뜸인 점필재 김종직(佔畢齋 金宗直)을 말하는 사람도 있을 것이다. 이처럼 밀양은 유학이 튼실히 뿌리내리면서도 불교가 발전했던 지역이다. 밀양에서 유학과 불교가 조화를 이루면서 발달했다는 것은 재약산의 표충사를 통해서도 알 수 있다. 이곳은 불교의 신앙공간인 표충사(表忠寺)와 유교의 제향공간인 표충서원(表忠書院)이 하나의 사역(寺域) 내에서 조화를 이루고 있다.

1. 재약산(載藥山)은 중생 구제 약재를 가득 싣고

백두대간이 남으로 동해안을 따라 내달리는 커다란 산줄기를 낙동정맥이라고 한다. '영남 알프스'라 불리는 가지산 줄기의 재약산 자락에는 밀양을 대표하는 절집인 표충사가 있다. 조선초기의 김극일(金克一)은 연산군 때 무오사화의 중심에 있었던 김일손(金馹孫)의 할아버지였는데, 인근의 청도에 은거하면서 재약산과 영정사를 방문하여 아래의 시를 남겼다.

영정은 이름난 절인 줄을 알아(靈井知名寺)
일찍이 약관의 나이에 노닐었네(曾遊弱冠年)
산봉우리가 원래 험하고 가팔라(峯巒元崒嵂)
수석이 더욱 맑고도 아름답구나(水石尙淸妍)
......

-김극일 -

240

밀양 출신의 김종직은 "재악(載嶽, 재약산을 지칭)은 바로 내 고향의 천태산이요 안탕산"이라며 아래와 같은 시를 남겼다.

천태산과 안탕산은 모두 아득하기만 한데(天台雁蕩共蒼芒)
천 태 안 탕 공 창 망
듣자니 신선세계는 해와 달이 길다고 하였네(見說仙關日月長)
견 설 선 관 일 월 장
해라 세 곡조만 불어주고 잘 돌아 갔으니(三弄海螺歸去好)
삼 농 해 라 귀 거 호
흰구름 어느 곳에 다시 깊이 숨었는가(白雲何處更深藏)
백 운 하 처 갱 심 장

　　　　　　　　　　　－김종직, 『점필재집』권15－

그는 자기 고향의 재약산이 중국 동남지방의 제일 명승지라 칭해지는 천태산이나 안탕산처럼 신선세계의 절경이라 묘사하고 있다. 실제로 재약산에는 사자봉과 수미봉 같이 빼어난 산봉우리 뿐 아니라 금강동천과 옥류동천의 골짜기에는 홍룡폭포나 충층폭포 같은 비경이 있어 수행자들이 머물기에 제격인 곳이다.

이곳에는 신라의 원효가 654년(태종무열왕 원년)에 죽림사(竹林寺)를 창건한 이래 줄곧 절이 있었다고 한다. 사명인 죽림사는 석가 당시 인도의 죽림정사와 상통하는 것이다. 829년(흥덕왕 4)에는 서역 승려인 황면(黃面)선사가 석가의 진신사리를 봉안하면서 중건하여 사명을 영정사(靈井寺)로 변경하였다. 전하는 이야기에는 흥덕왕의 셋째 아들이 이곳의 약수를 마시고 질병이 나았기 때문에 "영험한 우물이 있는 절"이라는 이름을 가지게 되었다.

그 후로 889년(진성여왕 3)에는 보우(普佑)가 제자 500여명을 거느리고 머물렀다. 고려에서도 1067년에 해린(海麟)이 머문 것을 시작으로, 1286년에는 『삼국유사』로 잘 알려져 있는 일연이 1천여 제자와 수행을 하였다. 그의 법제자인 천희(天熙)도 이곳에 머물면서 동방제일의 선종 사찰로 선풍(禪風)을 진작시켰다.

| 사천왕문에서 바라 본 경내

조선시대의 억불정책으로 사세가 서서히 쇠퇴하여 겨우 명맥만 유지하다가 임진왜란으로 전각은 모두 불타버렸다. 1600년(선조 33)에 혜징(慧澄)이 중건을 시작하여 오랜 기간 어려움을 겪으면서 1669년이 되어서야 불사가 일단락되었다. 1679년에 화재로 법당과 명부전 등이 소실되자 1715년에 탄영(坦英)이 주도하여 화재를 예방하기 위하여 사역(寺域)을 변경하면서 8법당, 4지전, 17방, 15암자로 복원을 하였다. 하지만 조선후기 억불정책이 강화되면서 19세기 초

반의 영정사는 점차 퇴락할 수밖에 없었다. 밀양 무안의 백하암(白霞庵)에 있던 표충사(表忠祠)가 옮겨오던 1839년(헌종 5)에는 4법당, 1지전, 2요사, 3암자만 남아 있을 정도였다.

천유(天有)는 쇠락한 영정사를 중흥시키기 위하여 무안의 표충사가 가지고 있던 면세·면역의 특권을 활용하고자 하였다. 이건 후에는 사명도 표충사(表忠寺)로 변경하였다. 그 후 1844년에 천유가 진불암을 중수한 것을 시작으로 명부전 등이 건립되었다. 전국적으로 서원철폐령이 내려졌던 1871년에도 춘추향사는 비록 중단되었지만 표충서원은 철거되지 않았고, 1888년(고종 20)부터는 다시 향사를 받들었다.

1926년에는 응진전만 남길 정도로 큰 화재가 발생하여 가람을 전소하였지만 이듬해부터 지속적으로 중창 불사가 이루어졌다. 현재에도 표충사 경내에는 수충(酬忠)·표충(表忠)·중의(重義) 등 유교적 의미를 가진 전각들이 불교의 당우들과 잘 어우러져 조화를 이루고 있다. 지금도 매년 음력 3월과 9월의 초정일(初丁日, 첫 번째 丁이 들어가는 날)에는 유교식의 향사(享祀)를 드리고 있다.

해방 후에는 1966년에 조계종의 초대 종정을 지냈던 효봉(曉峰)이 표충사의 서래각에 머물다가 입적하였다.

2. 유불 공존의 공간, 표충사

표충사의 탐방은 시전천(柿田川)의 다리를 건너며 바로 보이는 일주문에서 시작된다. 여느 사찰을 가면 보통 "＊＊산＊＊사"라는 일주문의 편액이 매달려 있지만 표충사에는 없다. 숲길을 지나 2층 수충루(酬忠樓)로 나아가는 동안 왜 그 흔한 편액이 표충사에는 없을까 생각해 봐도 그 이유를 모르 겠다. 길의 오른편에 있는 영사각(永思閣)에는 중건주 남붕의 영세불망비를 포함한 6기의 목재 비(碑)가 보존되어 있다.

수충루 바로 앞에는 어른 키 정도의 아담한 영각(靈閣)이 있다. 이곳은 죽은 사람의 혼을 실은 가마인 영가(靈駕)가 경 내로 들어가기 전에 잠시 모셔두는 곳으로, 세속의 오욕을 씻는 목욕 의례를 하던 곳이다. 다른 사찰에서는 없거나 혹 은 있다고 해도 눈에 잘 띄지 않는 곳에 조성되지만 표충사 에서는 입구에 공개되어 있다. 이것은 표충사의 출입로가 변경된 것과 관련이 있는 것은 아닌가?

| 수충루 앞의 영각

최근에 건립된 2층의 수충루는 향교 출입문인 누문(樓門) 의 양식으로 정중앙에는 조금 크다 싶을 정도의 표충사라

244

는 편액이 걸려 있다. 누문을 지나면 왼편에 유교의 사당영역이 먼저 나타나는데, 표충서원·표충사·유물관 등이 배치되어 있다. 이곳에서는 임진왜란의 3대 승병장이었던 서산·사명·기허의 영정을 모시고, 봄·가을로 유교식의 향사(享祀)를 드린다. 표충사(表忠祠)는 1839년 무안에서 이건해 올 때 현재 대광전 옆의 팔상전 자리에 '표충서원'으로 건립되었다. 이것은 사찰 내에서 유교가 불교와 대등하다는 인식, 혹은 유학을 표방하던 조선에서 불교가 생존을 위한 방편이었다. 이후 사역(寺域)을 정비하면서 팔상전에 자리를 내어주고 외곽으로 밀려났는데, 이 역시 불교의 주체성을 강조했던 해방 이후의 시대 상황이 반영된 것이다.

유물관에는 청동은입사향완(青銅銀入絲香垸, 국보 75호)을 포함한 300여점이 전시되고 있다. 1957년에 발견된 향완에는 57자의 명문이 있어 다양한 정보를 제공해 주어 역사적 가치를 더해주고 있다. 이것은 1177년(명종 7)에 제작되어져 국내의 향완 중에 가장 오래된 것이다. 그 외에도 사명대사와 관련하여 금란가사와 평소에 모셨던 원불(願佛)을 비롯해 16건 79점의 유물도 소장되어 있다.

3층의 높직한 축대를 올라 사천왕문을 지나면 사찰영역에 해당한다. 마당의 왼쪽에는 'H'자형의 서래각(西來閣)이 있다. 1860년에 월암(月庵)이 아미타불의 48원과 108번뇌를 나타내기 위해 108평의 대지에 48칸의 당우를 건립한 것이다. 이곳에는 1만일의 기도로 지었다고 해서 만일루(萬日樓)라는 편액을 걸었을 뿐 아니라 보화루(寶華樓)·승연암(勝

蓮庵)·만일루·무량수각 등 여러 편액도 걸려 있다. 글씨는 모두 추사의 제자이면서 당시 최고의 명필이었던 위당 신헌(申櫶)의 것이다.

여기서 마당 쪽으로 방향을 돌아보면 중앙에는 전형적인 통일신라의 3층 석탑(보물 467호, 높이 7.7m)과 석등이 서 있다. 균형감이 다소 떨어져 보이지만 지붕돌의 각 모퉁이에는 풍경이 달려 있어 눈과 귀의 즐거움을 더해 주며, 상련부도 잘 남아있는 편이라 역사적 가치를 더해 준다.

| 사천왕문 입구에서 바라본 서래각

큰 배롱나무 뒷쪽의 영정(靈井)약수 옆으로 난 계단을 오르면 대광전(大光殿, 정면 5칸 측면 3칸)과 팔상전이 있다. 잘 쌓아 올린 축대 위에 팔작지붕이 무거운 듯 처마의 네 모퉁이에 활주를 바친 대광전은 광명을 상징하는 법신인 비로자나불을 주존(主尊)으로 봉안하는 곳이다. 하지만 현재는 석가여

246

래 · 아마타여래 · 약사여래의 삼존불을 모시고 있어 전각명과 주존 불상이 부조화를 보이고 있다. 대광전의 부조화는 천왕문 → 석탑 → 금당이 일선상에 위치한다는 통례를 벗어나 명부전과 관음전에 자리를 내어준 것에서도 잘 나타난다.

옛날에는 대광전과 마주한 우화루로 출입을 했다고 하니 원래는 방향상의 문제가 없었다. 하지만 이후 영정사 자체에 수차례의 중건이 있었고, 외부에서 표충사(表忠祠)가 옮겨져 오면서 가람배치는 뒤섞일 수밖에 없었던 것 같다. 대광전의 외벽에는 다양한 불화(佛畵)가 그려져 있는데 측면에는 자동차를 타고 깊은 산속을 달리는 재미있는 장면이 있다. 아마도 이것은 화재로 소실되었던 대광전을 중수했던 1929년 당시의 사회적 풍속을 반영한 것이라 생각된다.

| 산속을 달리는 트럭이 그려진 대광전 벽화

대광전의 왼편에는 팔상전(정면 3칸 측면 3칸)이 있다. 원래

247

이곳은 표충사가 옮겨오면서 표충서원이 건립된 자리이다. 해방 후에 일부 승려들이 사찰 내에서 유교식 서원이 대광전과 나란히 있는 것이 옳지 않다는 주장이 제기되면서 1971년에 팔상전이 옮겨오게 된다. 팔상전 뒷편에는 정면 2칸 측면 1칸의 맞배지붕을 한 작은 전각이 하나 있는데 산령각과 독성전이라는 2개의 현판이 한 칸씩 차지하고 있다.

대광전의 맞은편에는 맞배지붕의 우화루(雨花樓, 정면 7칸 측면 2칸)가 있다. 이곳은 층층폭포로부터 흘러오는 시전천 계곡의 아름다운 풍광을 마주한 곳이다. 원래는 야외 참선의 장소로 사용되었는데 요즘은 탐방객에게 휴식처로 제공되고 있다. 이곳에는 전국 각 사찰에서 봉안하고 있는 사명당 진영의 사진을 모아서 전시하고 있으니 감상할 만하다.

본사의 탐방을 마치고 나오는 길에 조계종 초대종정이었던 효봉대종사 사리탑을 찾아보는 것도 괜찮을 것이다. 수충루 밖에서 왼쪽으로 난 길을 따라 150m정도 올라가면 표충사 부도밭이 나오는데, 자연석 2개를 사용하여 만든 사리탑이 바로 그의 사리탑이다. 전혀 치장이 없는 사리탑은 청정납자였던 효봉 뿐 아니라 스승의 유지를 잘 받들었던 제자들의 인품을 반영하고 있다. 물질과 규모를 선호하는 현대사회에, 그것을 추종하는 불교계에 효봉대종사는 오늘도 무언(無言)의 일깨움을 설파하는 것 같다.

3. 백하암(白霞庵)과 표충비각(表忠碑閣)

백하암은 밀양시 무안면 삼강동(三江洞) 영축산에 위치한 것으로 사명대사가 말년을 보내기 위해 고향의 선영 근처에 지은 암자이다. 조정에서는 1618년(광해군 10)에 백하암을 표충사(表忠祠)로 개칭하고 관(官)에서 제수를 제공하여 춘추로 제사를 모시게 하였다. 병자호란으로 승려는 흩어지고 사당이 황폐하게 되자 밀양부사였던 김창석(金昌錫)이 1714년(숙종 40)에 표충암(表忠庵)으로 재건하였다.

| 홍제사의 표충비각

그 후에도 연초(演初)가 1738년에 조정의 허락을 얻어 제자 남붕(南鵬)으로 하여 중창 불사를 주관하게 하면서 사명대사를 중심으로 서산대사와 영규대사의 진영을 봉안하게 된다. 이로 말미암아 표충사는 조정에서 정식으로 사액을 받는 곳이 되어 승려들은 잡역이 면제되어 가혹한 수탈을 면하

게 되었고 전답도 5결을 하사받았다고 한다. 불사가 마무리
되자 연초는 남붕에게 당대 최고의 문장가와 명필을 찾아서
「송운대사비명(정면)」, 「서산대사비명(뒷면)」, 「표창사적비(측
면)」을 세우도록 하였다. 그 결과 1742년(영조 18) 10월에 하
나의 비신(碑身)에 3개의 비명을 음각하여 현재의 무안면 홍
제사(弘濟寺) 경내에 건립되게 된다. 당시 비석에 사용될 돌
은 경북 경산에서 수로를 이용하여 옮겨졌다고 한다. 이후
이 비석에서는 국가에 중대사가 있을 것을 미리 땀을 흘려
알리는 것[汗碑]으로 유명해지게 되었다. 1781년(정조 5)에는
의중당(義重堂)과 명연루(明烟樓) 등이 중수되면서 백하암이란
이름도 중흥사(中興寺)로 변경되었다.

표충사(表忠祠)가 조정의 지원으로 번창하게 되자 1739년
과 1783년 2차에 걸쳐서 사우를 옮겨가려고 하는 합천 해
인사와 분쟁이 발생하기도 한다. 하지만 표충사 승려와 사
림의 적극적인 대응으로 표충사가 해인사로 이건되는 것을
막을 수 있었다. 중흥사에서는 1805년(순조 5)경에 '표충서원
(表忠書院)'이란 편액을 내걸며 조정과 더욱 긴밀한 관계를 유
지하려고 노력 하였다. 그러나 표충서원은 1839년 1월에
천유(天有)가 조정의 도움으로 삼강동에 있던 것을 단장면의
재약산 영정사로 옮겨가게 된다. 표충서원이 옮겨오기 전의
영정사는 잡역의 부담으로 승려들이 흩어지면서 거의 폐사
(廢寺)의 위기에 처해 있었다. 하지만 표충서원을 옮겨가게
되자 이번에는 무안면 삼강동에 있던 중흥사가 점차 쇠락하
여 겨우 명맥만 잇게 되었다. 현재는 그의 고향에 생가지와

기념관이 잘 정비되어져 있다.

탐방객들은 단장면에 있는 현재의 표충사가 사명대사와 연관이 있다고 생각한다. 하지만 실제는 무안면의 백하암이 관련이 있지 영정사였던 현재의 표충사는 그와 전혀 상관이 없는 곳이다.

4. 호국의 고승 사명대사

사명당 유정(四溟堂 惟政, 1544~1610)은 임진왜란 때 3대 승병장 중의 한 사람으로, 현재 무안면 고라리의 풍천임씨(豐川任氏) 가문에서 출생하였다. 그의 나이 15~16세에 양친이 잇따라 돌아가시자 정처 없이 방랑하다가 김천 황악산 직지사에서 신묵(信黙)을 은사로 출가하였다. 그는 1562년에 선종의 본산인 봉은사에서 승과에 합격하였고, 그 후로 호남의 명사였던 고경명(高敬命)이나 조선시대 8대 문장가 중의 한 사람인 최경창(崔慶昌) 등과 교류하였다. 1576년에는 봉은사 주지를 포함한 모든 승직을 버리고 묘향산으로 들어가 휴정의 문하에서 3년간 수행하면서 선맥의 법통을 이어받았다.

임진왜란 직전인 1589년에 스승이었던 휴정과 마찬가지로 정여립의 모반사건에 연루 되었다가 무고임이 밝혀져 방면되어 금강산 유점사(榆岾寺)에 머물렀다. 전란이 발생하자 스승 휴정의 부름으로 순안에서 승군에 합류하였던 유정은 13년간에 걸쳐 전장에서 뿐 아니라 이후 강화조약에서도 적극 활동하였다. 의승도대장(義僧都大將)을 맡았던 그는 평양성과 한양 도성의 탈환에서 큰 공을 세우자 조정으로부터 선

251

교양종판사(禪敎兩宗判事)를 제수 받았다. 1594년 4월부터 1597년 3월까지, 조선에 불리한 강화 5조약을 놓고 적진에서 네 차례나 가토 기요마사[加藤淸正]와 담판을 하였다. 이 와중에 휴정이 노령으로 팔도십육종도총섭(八道十六宗都總攝)에서 물러나게 되자 뇌묵당 처영(雷黙堂 處英)과 함께 계속하여 승군을 통솔하였다.

1604년 2월에는 스승인 휴정의 부음을 들었지만 왕명으로 탐적사(探賊使, 곧 강화정사)가 되어 일본에 가서 각고의 노력으로 3,000여명의 포로와 함께 1605년 4월에 귀국하였다. 말년을 보내기 위해 고향인 밀양 하서면 삼강동(三江洞)의 영축산에 백하암을 마련하여 잠시 머물다가 1608년에 다시 합천 해인사로 수도처를 옮겨갔다. 1610년(광해군 2) 8월에 열반하니 세수 67세에 법랍 51년이고, 자통홍제존자(慈通弘濟尊者)라는 시호가 내려졌다. 지금도 해인사 홍제암의 만원문 밖에는 1612(광해군 4)에 세워진 '사명대사 석장비'와 부도(보물 1301호)가 있다.

비록 그는 출가 수도자였지만 국난이 닥치고 백성들이 어려움에 처하자 과감하게 현실 사회로 뛰어들어 중생구제에 매진했던 진정한 구도자였다.

각 사찰별 문화재 보유 현황

사찰명	유물명	지정번호	지정일
고견사	거창 고견사 동종(居昌 古見寺 銅鍾)	보물 1700	2010.12.21
관룡사	창녕 관룡사 약사전(昌寧 觀龍寺 藥師殿)	보물 146	1963.01.21
	창녕 관룡사 대웅전(昌寧 觀龍寺 大雄殿)	보물 212	1963.01.21
	창녕 관룡사 용선대 석조여래좌상(昌寧 觀龍寺 龍船臺 石造如來坐像)	보물 295	1963.01.21
	창녕 관룡사 석조여래좌상(昌寧 觀龍寺 石造如來坐像)	보물 519	1970.06.24
	창녕 관룡사 목조석조여래삼불좌상 및 대좌(昌寧 觀龍寺 木造釋迦如來三佛坐像 및 臺座)	보물 1730	2011.12.23
대원사	산청 대원사 다층석탑(山淸 大源寺 多層石塔)	보물 1112	1992.01.15
벽송사	함양 벽송사 삼층석탑(咸陽 碧松寺 三層石塔)	보물 474	1968.12.19
성주사	창원 성주사 목조석가여래삼불좌상(昌原 聖住寺 木造釋迦如來三佛坐像)	보물 1729	2011.12.23
	창원 성주사 감로왕도(昌原 聖住寺 甘露王圖)	보물 1732	2011.12.23
	몽산화상육도보설(蒙山和尙六道普說)	보물 1737	2011.12.23
쌍계사	하동 쌍계사 진감선사탑비(河東 雙磎寺 眞鑑禪師塔碑)	국보 47	1962.12.20
	하동 쌍계사 승탑(河東 雙磎寺 僧塔)	보물 380	1963.01.21
	하동 쌍계사 대웅전(河東 雙磎寺 大雄殿)	보물 500	1968.12.19
	쌍계사 팔상전 영산회상도(雙磎寺 八相殿 靈山會相圖)	보물 925	1987.07.16
	하동 쌍계사 대웅전삼세불탱(河東 雙磎寺 大雄殿三世佛幀)	보물 1364	2003.02.03
	쌍계사 팔상전팔상탱(雙磎寺 八相殿八相幀)	보물 1365	2003.02.03
	하동 쌍계사 목조석가여래삼불좌상 및 사보살입상(河東 雙磎寺 木造釋迦如來三佛坐像 및 四菩薩立像)	보물 1378	2003.08.21
	하동 쌍계사 괘불도(河東 雙磎寺 掛佛圖)	보물 1695	2010.12.21
	하동 쌍계사 감로왕도(河東 雙磎寺 甘露王圖)	보물 1696	2010.12.21
	하동 쌍계사 동종(河東 雙磎寺 銅鍾)	보물 1701	2010.12.21
옥천사	고성 옥천사 청동금고(固城 玉泉寺 靑銅金鼓)	보물 495	1968.12.19
	고성 옥천사 지장보살도 및 시왕도(固城 玉泉寺 地藏菩薩圖 및 十王圖)	보물 1693	2010.12.21
용문사	남해 용문사 괘불탱(南海 龍門寺 掛佛幀)	보물 1446	2005.09.06
청곡사	청산회괘불탱(靑谷寺 靈山會掛佛幀)	국보 302	1997.09.22
	진주청곡사 목조제석천·대범천의상(晉州 靑谷寺 木造帝釋天·大梵天倚像)	보물 1232	1995.12.04
	진주 청곡사 목조석가여래삼존불상(晉州 靑谷寺 木造釋迦如來三尊坐像)	보물 1668	2010.12.21
	진주 청곡사 목조지장보살(晉州 靑谷寺 木造地藏菩薩三尊像 및 十王像 一括)	보물 1689	2010.12.21
통도사	양산 통도사 대웅전 및 금강계단(梁山 通度寺 大雄殿 및 金剛戒壇)	국보 290	1997.01.01
	통도사 동종(通度寺 銅鐘)	보물 11-6	2000.02.15
	양산 통도사 국장생 석표(梁山 通度寺 國長生 石標)	보물 74	1963.01.21
	양산 통도사 봉발탑(梁山 通道寺 奉鉢塔)	보물 471	1968.12.19
	문수사리보살최상승무생계경(文殊師利菩薩最上乘無生戒經)	보물 738	1982.11.09

통도사	감지금니대방광불화엄경 주본 권46(紺紙金泥大方廣佛華嚴經 周本 卷四十六)	보물 757	1984.05.30
	통도사 영산전팔상도(通度寺 靈山殿八相圖)	보물 1041	1990.09.20
	통도사 대광명전 삼신불도(通度寺 大光明殿三身佛圖)	보물 1042	1990.09.20
	묘법연화경 권2(妙法連華經 卷二)	보물 1194	1994.01.05
	대불정여래밀인수증료의제보살만행수능엄경 권9~10(大佛頂如來密因修證了義諸菩薩萬行首楞嚴經 卷九~十)	보물 1195	1994.01.05
	묘법연화경(妙法連華經)	보물 1196	1994.01.05
	묘법연화경 권3~4(妙法蓮華經 卷三~四)	보물 1240	1996.04.04
	통도사 석가여래괘불탱(通度寺 釋迦如來掛佛幀)	보물 1350	2002.10.19
	통도사 괘불탱(通度寺 掛佛幀)	보물 1351	2002.10.19
	통도사 화엄탱(通度寺 華嚴幀)	보물 1352	2002.10.19
	양산 통도사 영산회상탱(梁山 通度寺 靈山會上幀)	보물 1353	2002.10.19
	통도사 청동 은입사 향완(通度寺 靑銅 銀入絲 香垸)	보물 1354	2002.10.19
	양산 통도사 금동천문도(梁山 通度寺 金銅天文圖)	보물 1373	2003.04.14
	양산 통도사 삼층석탑(梁山 通度寺 三層石塔)	보물 1471	2006.06.01
	양산 통도사 아미타여래설법도(梁山 通度寺 阿彌陀如來說法圖)	보물 1472	2006.07.18
	양산 통도사 영산전 벽화(梁山 通度寺 靈山殿 壁畫)	보물 1711	2011.04.29
	양산 통도사 청동은입사향완(梁山 通度寺 靑銅銀入絲香垸)	보물 1735	2011.12.23
표충사	표충사 청동 은입사 향완(表忠寺 靑銅 銀入絲 香垸)	국보 75	1962.12.20
	밀양 표충사 삼층석탑(密陽 表忠寺 三層石塔)	보물 467	1968.12.19
해인사	합천 해인사 대장경판(陜川 海印寺 大藏經板)	국보 32	1962.12.20
	합천 해인사 장경판전(陜川 海印寺 藏經板殿)	국보 52	1962.12.20
	합천 해인사 고려목판(陜川 海印寺 高麗木板)	국보 206	1982.05.22
	합천 치인리 마애여래입상(陜川 緇仁里 磨崖如來立像)	보물 222	1963.01.21
	합천 해인사 석조여래입상(陜川 海印寺 石造如來立像)	보물 264	1963.01.21
	통도사 청동 은입사 향완(通度寺 靑銅 銀入絲 香垸)	보물 334	1963.01.21
	합천 해인사 원당암 다층석탑 및 석등(陜川 海印寺 願堂庵多層石塔 및 石燈)	보물 518	1970.06.24
	합천 해인사 고려목판(陜川 海印寺 高麗木板)	보물 734	1982.05.22
	합천 해인사건칠희랑대사좌상(陜川 海印寺 乾漆希朗大師坐像)	보물 999	1989.04.10
	합천 해인사 길상탑(陜川 海印寺 吉祥塔)	보물 1242	1996.05.29
	해인사 동종(海印寺 銅鐘)	보물 1253	1997.06.12
	해인사 영산회상도(海印寺 靈山會上圖)	보물 1273	1997.08.08
	합천 해인사 홍제암(陜川 海印寺 弘濟庵)	보물 1300	2000.9.28
	합천 해인사 홍제암 사명대사탑 및 석장비(陜川 海印寺 弘濟庵 四溟大師塔 및 石藏碑)	보물 1301	2000.9.28
	합천 해인사 감로왕도(陜川 海印寺 甘露王圖)	보물 1697	2010.12.21
	합천 해인사(陜川 海印寺)	사적 504	2009.12.21

참고 문헌

〈단행본〉

강정화, 『지리산 한시 선집: 덕산 · 단성 · 산청 · 함양 · 운봉』, 이회, 2010

거창군사편찬위원회, 『거창군사』, 거창군, 1997

경상남도, 『(실전 체험) 경남전통사찰 95선』, 2007

경상남도사편찬위원회, 『경상남도사』 하권, 경상남도, 1988

국립가야문화재연구소, 『경남의 사지 Ⅰ - 의령 · 창녕 · 함안의 석탑을 중심으로-』, 국립가야문화재연구소, 2009

국립가야문화재연구소, 『경남의 사지 Ⅱ』, 국립가야문화재연구소, 2011

권손목, 『지리산 이천년: 우리 민족정신과 문화의 꽃』, 보고사, 2010

김형우, 『한국의 사찰』 상권, 대한불교진흥원, 2006

사찰문화연구원, 『전통사찰총서 18 - 경남의 전통사찰 Ⅰ』, 사찰문화연구원, 2003

사찰문화연구원, 『전통사찰총서 19 - 경남의 전통사찰 Ⅱ』, 사찰문화연구원, 2005

사찰문화연구원, 『전통사찰총서 20 - 경남의 전통사찰 Ⅲ』, 사찰문화연구원, 2005

심인보, 『곱게 늙은 절집』, 지안출판사, 2007

양산시사편찬위원회, 『양산시사』, 양산시, 2004

이진두, 『성주사』, 대한불교진흥원, 2010

장성진, 『옛시로 읽는 경남 - 내 손 안의 경남 001』, 선인, 2010

장유면지편찬위원회, 『장유면지』, 장유면, 2013

재단법인 불교문화재연구소, 『韓國의 寺址(2013)』 上卷, 문화재청, 2013

朝鮮總督府 編, 『朝鮮寺刹史料』 上, 文現, 2010

조원영, 『불상에 새겨진 경남의 얼굴 - 손 손안의 경남 007』, 선인, 2012

陳景富 외 편저, 최현각 역주, 『고승구법열전』, 보명 Books, 2008

진주시사편찬위원회, 『진주시사』, 진주시, 1995

창녕군지편찬위원회, 『창녕군지』, 창녕군, 2003

창원시사편찬위원회, 『창원시사』, 창원시, 1997

최완수, 『명찰순례 1』, 대원사, 1994

최완수, 『명찰순례 2』, 대원사, 1994

최완수, 『명찰순례 3』, 대원사, 1994

최현각, 『한국을 빛낸 선사들』, 한걸음 · 더, 2011

통영시사편찬위원회, 『통영시사』, 통영시, 1999

하동군지편찬위원회, 『하동군지』, 하동군, 1996

한국문화유산답사회 엮음, 『가야산과 덕유산 – 답사여행의 길잡이 13』, 돌베개, 2000

한국문화유산답사회 엮음, 『경남 – 답사여행의 길잡이 12』, 돌베개, 2002

한국문화유산답사회 엮음, 『지리산 자락– 답사여행의 길잡이 6』, 돌베개, 1996

한국문화유산답사회 엮음, 『한려수도와 제주도– 답사여행의 길잡이 11』, 돌베개, 1998

韓國寺刹의 扁額과 柱聯 編纂委員會, 『韓國寺刹의 扁額과 柱聯』下, 한국불교 진흥원 출판사, 2003

한정갑 지음, 『대한민국 명찰답사 33』, 산지니, 2012

함안군지편찬위원회, 『함안군지』, 함안군, 2013

함양군지편찬위원회, 『함양군지』, 함양군, 1992

합천군사편찬위원회, 『합천군사』, 합천문화원, 2014

황원갑, 『고승과 명찰: 인물 한국 불교사』, 책이 있는 마을, 2000